Mystery

LUNA SEA

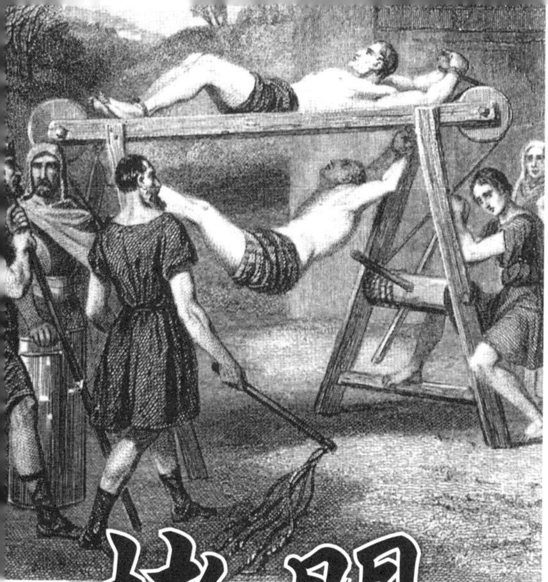

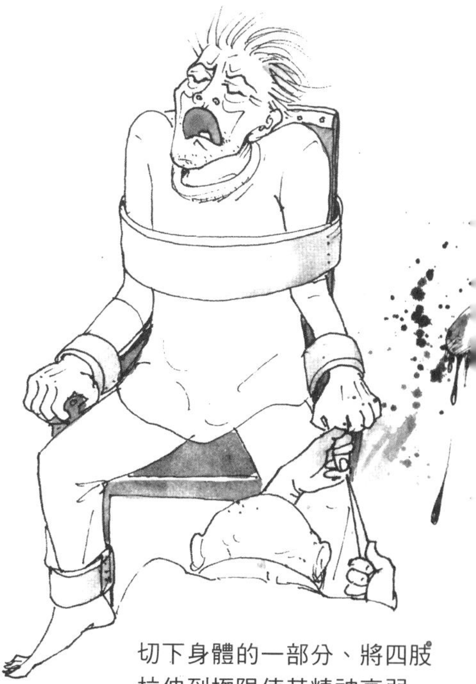

拷問

切下身體的一部分、將四肢拉伸到極限使其精神衰弱，以特殊器具有效施加身心痛苦……一旦有犯罪嫌疑，不是開口招供，就是接受地獄般的折磨到死為止。

發出慘叫的是身體？
還是精神？

處刑

滿是恥辱與痛苦的時間，比永遠還要長

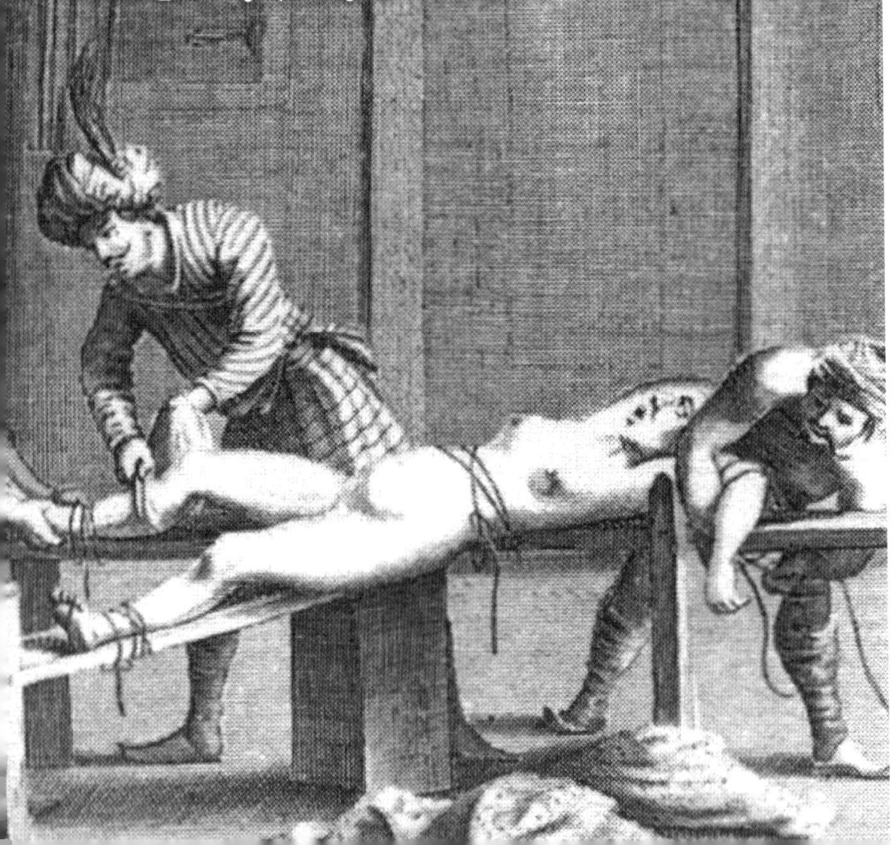

將處決做為庶民娛樂活動的時代，死刑犯在好奇的視線與嘲諷中，
一心只想等待死亡到來的那一刻，希望能夠盡早脫離痛苦折磨……

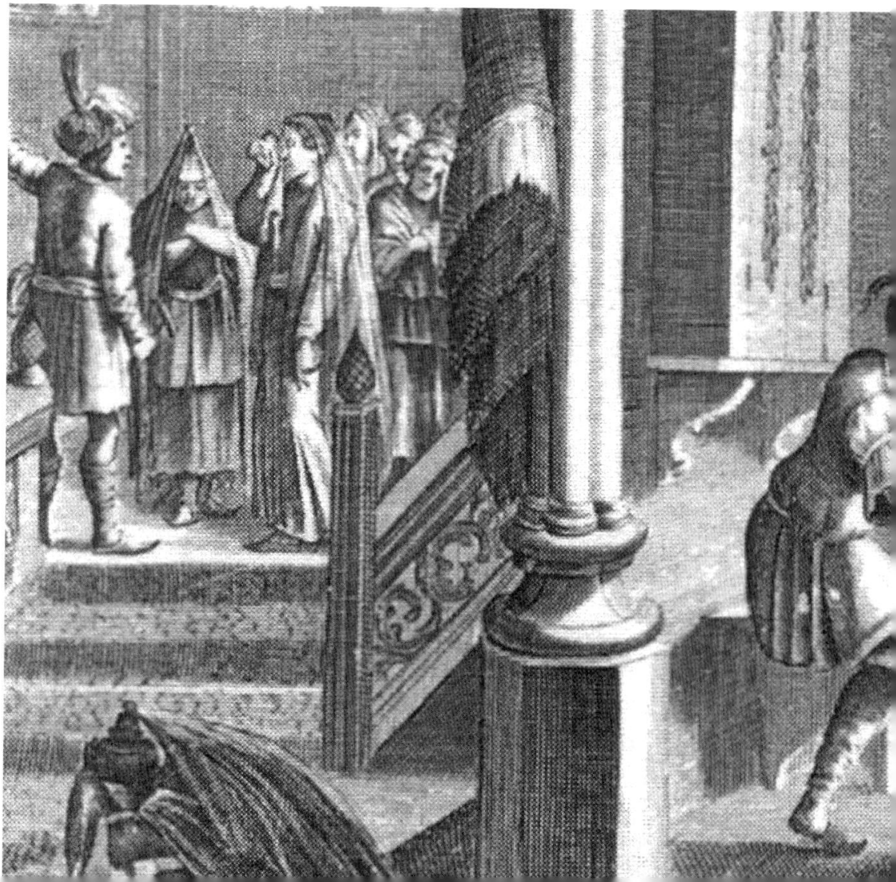

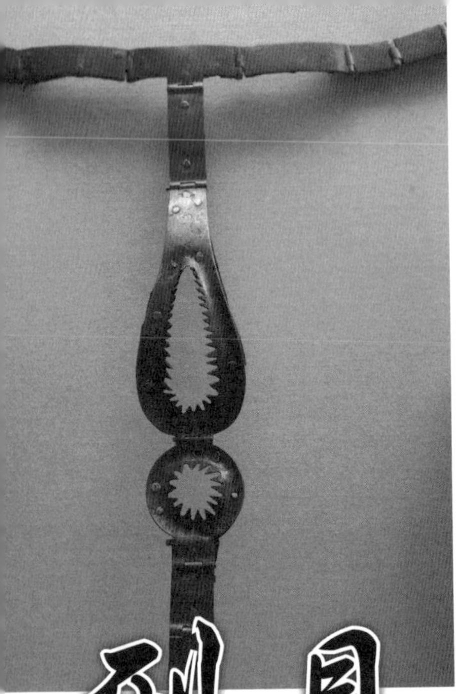

刑具

世界上怪誕不經的藝術品

刑罰的歷史，同時也是刑具的歷史。這些完全悖離人道考量的刑具，能讓人充分感受到人類的瘋狂與可怕的想像力。

酷刑史

99種人類的罪與罰

世界の処刑と拷問

序言

當人類開始有社會組織時，刑罰的歷史就已經開始了。

對於破壞「共同生活體」規則的對象，人們藉由施予能帶給肉體痛苦的懲罰，或是將其放逐、視事件情節輕重判處對方死刑等手段，來維持和平與秩序。

然而，隨著時代的變遷，「共同生活體」的規模愈來愈大，人類開始為了爭權奪利屢起紛爭，刑罰本身的意義與功能也變得更為多樣。

為了誇示自身的權力，為了排除異端者，為了掌控更為廣大的土地——

當權者們因自私的理由揮舞著名為暴力的鐵鎚，以恐懼來壓制無辜的群眾。

在此同時，刑罰的種類也變得更多樣化，再加上發明家或拷問官等人的發想，出現了各式各樣的刑具。

其中部分刑具，除了具有懲罰囚犯這個原本的功能外，其外觀看起來就像藝術品一樣。

看來，人類對於刑罰的執著與想像力似乎是毫無止境。

本書所列舉的古今中外刑罰、刑具，僅為實際存在的一小部分。不過，多少仍能讓人感受得到，潛藏在人類內心深處的暴力本性與瘋狂。

人以刑罰制裁另一個人，是否具備正當性呢？

死刑制度是否真的有必要呢？

倘若本書能夠成為您開始思考何謂刑罰的契機，實為榮幸。

酷刑史：99種人類的罪與罰　目次

第三章 喪心病狂與凌辱的刑罰 131

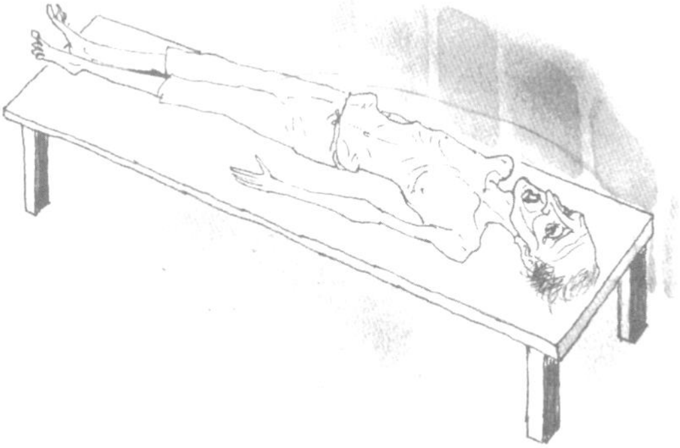

第四章 世界殘酷刑具收藏 197

附錄 處刑、拷問資料館 239

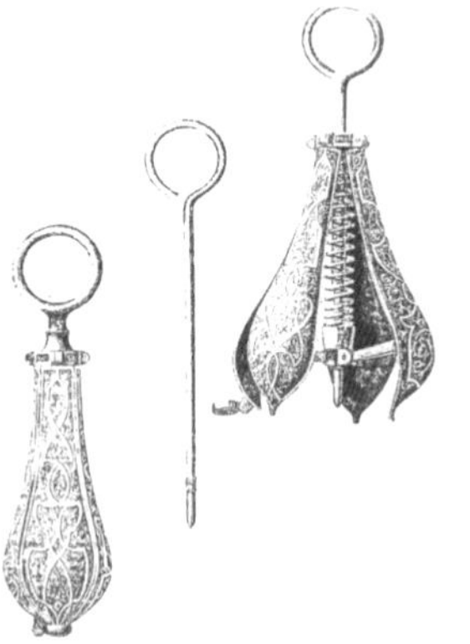

專欄

第一章

破壞人體的刑罰

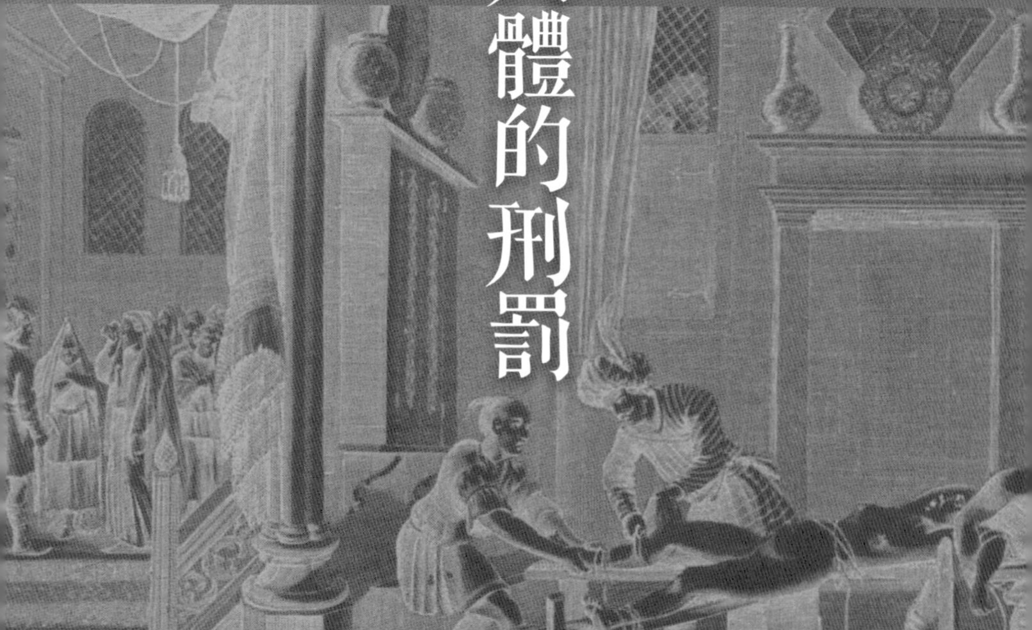

破壞人體的刑罰

以定罪的名義，摧殘人體身軀

當人類開始有罪行的概念時，也同時出現了對他人罪行進行制裁的行為。人類最初的刑罰據說是投石刑。在《舊約聖經》（*Old Testament*）中出現的投石刑，是對逸脫於社會之外者，由群體共同投石擊殺，一種既野蠻又單純的刑罰。

對於犯罪者的制裁，最簡單也最原始的方法，就是施加肉體的痛苦。切斷身體的一部分、拉伸手腳、用繩子綁縛……受刑人往往因難耐劇烈的疼痛，或者畏懼於拷問的死亡後果，而被迫承認自己犯下的罪行。

「重壓拷問」，以石頭重壓嫌疑犯身體，逼迫其招供。有時還會導致骨折或是內臟破裂。

撕裂、凌遲、切斷……制裁罪行的正義理由會驅使人們做出殘虐的行為

（上）手掌被切下，掛在脖子上的俘虜。（左）用棍棒毆打拷問倒吊在樹上的嫌疑犯。吊掛拷問的方法簡單，卻可施予極大痛苦，是相當方便好用的拷問方式。

人類最早使用的工具是石器，隨著時代進步，才演變成刀劍或鋸子。每出現一次新的工具，用來折磨人體的方式就更增添變化。

同時，殘忍的刑罰也不斷增加，這有很大一部分是人類發揮的想像力所致。如何提升痛苦的程度？如何讓受刑人死得更悽慘？制裁罪行這個正義理由，奪走了施罰者的人性情感。將活生生的人用鋸子鋸斷、勒緊頭蓋骨直到爆裂為止，諸如此類的行為，只要對方是罪犯，下手的人就不會有絲毫猶豫。

而到了現代，雖然處決的方式開始有人道上的考量，但拷問還是一如往常充斥殘虐的手段。不管是現在還是古代，肉體上的痛苦總是能讓對方打破沉默……這個事實沒有任何的改變。

車裂

不斷拉長四肢直至扯斷為止

在無數的處刑方法當中，車裂的殘忍程度可說是數一數二。其方法是先將罪犯的手腳以繩索綁縛，再讓朝向不同方向的馬匹拉扯繩索，直到扯斷罪犯四肢為止。諷刺的是，人類的身體比想像中還要強韌，沒那麼容易扯斷。因此，可憐的罪犯即使關節脫臼、皮膚拉長，仍要繼續痛苦受刑，直到雙手雙腳都自軀體分離為止。

近代法國也有與車裂類似的著名刑罰記載（其稱為四馬分屍〔draw and quarter〕）。企圖暗殺當時的法國國王路易十五（Louis XV of France）失敗的弗朗索瓦・達密安（Robert-François Damiens），在接受調查有無共犯的嚴刑拷打時，即使已經被折磨得不成人形，仍然保持沉默，是個具有強韌意志力的人。即便如此，當知道自己將被處以四馬分屍刑罰時，還是忍不住淒厲叫喊乞求饒命，不難想像此刑是如何慘絕人寰了。

然而行刑過程中，不論馬匹如何地往不同方向用力拉扯，達密安的身體就只是如同橡膠一般伸長、內臟似乎要從口中迸出之外，四肢毫無有脫離身體的跡象。對這種情況感到不耐的施刑者在取得許可後，用刀子直接在他的身體上劃上幾刀使其容易扯裂，才總算完成處刑。

終於，達密安的四肢散落一地，內臟與濁黑的血液浸染了大地。巴黎市民與附近地區前來看熱鬧的庶民百姓，滿足於此番情景後，各自步上歸途。看熱鬧的群眾當然也沒有忘了將罪犯的肉塊帶回家，做為參觀處刑的紀念品，甚至還有將肉塊烤來食用的人。

那個時代一般百姓的殘酷與冷漠心態，是現代人所無法想像的。

對於達密安如此慘不忍睹的死法，唯一流下哀悼之淚的，不是別人，正是性命遭受威脅的國王本人。這是多麼諷刺的事啊！

行刑過程中，馬匹不朝預定的方向前進，或是疲憊地停頓下來。如此數次因故中斷，往往讓罪犯的痛苦倍增。

木裂

未開始使用動物力量前，身體撕裂刑的始祖

撕裂人體的殘酷處刑方式，在歐州使用馬匹，中國使用馬車，日本過去則是使用牛隻來撕裂人體。而此刑的始祖，可以追溯至古希臘神話中「彎折松樹」的行刑方式。

行刑方式是將相鄰生長的兩棵松樹交錯彎折，用繩索確實固定好後，把受刑人以倒吊的姿勢，將他的兩隻腳踝分別綁在兩棵樹幹上。

被彎折到瀕臨斷裂極限的樹木，會因為試圖恢復原來直立狀態，而產生強烈的反作用力。此時若一口氣切斷固定樹木的繩索，樹木就會分別朝反方向彈回原狀。當然，被綁在樹幹上的罪犯身軀，也會因為樹木的強烈反彈力道，而隨之……撕裂的身體伴隨著淒厲的叫喊聲，以及自體內如同噴泉般湧出的鮮血，向外迸裂飛散。

不過，人類強韌的生命力出乎意料，就算四肢被扯斷，也不會馬上殞命。因此，事先在罪犯肢體上切割出撕裂口，或是割斷罪犯頸部使之斷氣後，再處以此刑的情形也所在多有。這麼做的主要目的，除了讓罪犯以死償罪外，同時施以肢解身體的刑罰，對市民有殺一儆百的警戒作用。

於是，為了能夠更加確實並更有效地執行此刑，後來就不使用樹木，進化成以馬匹或車輛撕裂罪犯身體的方式。藉由動物或車輪的力量，像這樣將罪犯活生生四分五裂、超乎想像的可怕「表演」，終於開始

在民眾面前展露。

更加殘酷且驚心動魄的處刑方式，不管在哪個時代，毫無疑問地都是市民的娛樂之一。

另一方面，這也是警告市民犯罪會帶來的嚴重後果，以及掌權者展示自身威信的一大活動。

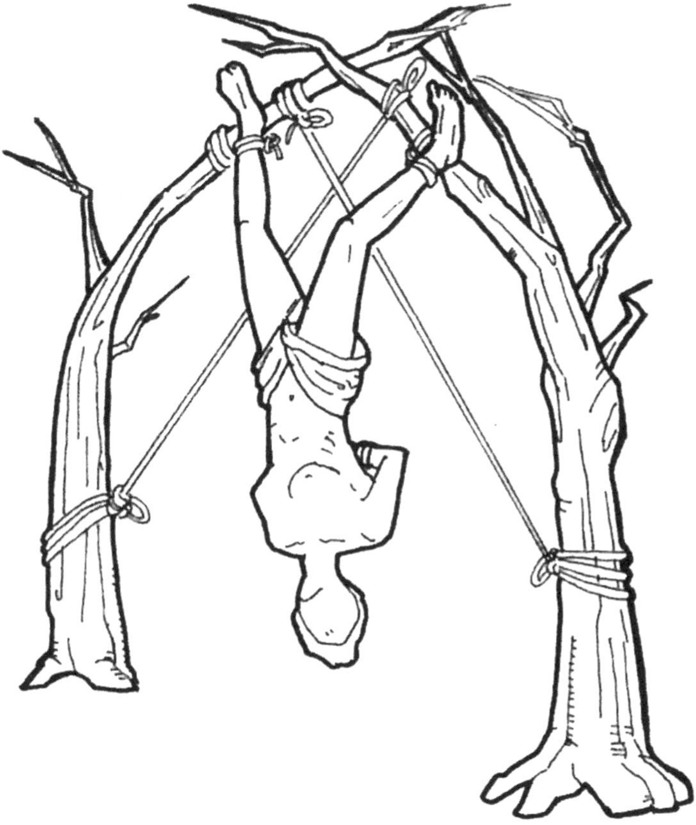

把罪犯倒吊在兩棵折彎的樹幹之間，利用樹幹的反彈力道將身體撕裂。
為了讓處刑順利進行，有時會先以刀刃在肌腱上切割出傷口。

凌遲刑

活生生地將全身的肉切成小塊

將受刑人的身體切成小塊，直到死亡為止的刑罰，不論東西方都有廣泛執行的記載。歐洲十九世紀的《拿破崙法典》（*Code civil des Français*，又稱《法國民法典》）中明確記載，殺害貴族的罪犯，要先將其右手切下後再送上斷頭臺……可見當時此刑並不罕見。此外，波斯，也就是現在的中東地區，自切下手指到斬首為止的切斷順序，依罪行的種類不同，而有各種詳細規定。

在眾多肉刑當中最慘絕人寰且知名的，要屬在中國長期施行的「凌遲刑」了。這個刑罰，在維持罪犯性命的前提下，將罪犯身體的皮肉一點一點地切割下來，以延長受刑人的痛苦，是終極的刑罰之一。其方法是從手腳開始，接下來是將身體的各部位小塊切下。下刀時會刻意選擇不會讓人立刻死亡的部位，切下不需要的部分。隨著時代的進步，執行此刑的手法更顯精進。最後終於進展到活著見骨、內臟外露、在市場示眾，而罪犯仍舊一息尚存的境界。

在歐美還發明出將身體切除小塊後，將內臟以絞盤拉出的殘酷方法。但與凌遲刑相較之下，還不算是太過陰險、耗費工夫的處刑方式。更讓人感到驚訝的是，即使遭歐美各國指責此刑為殘虐酷刑，直到進入二十世紀初期的一九〇五年為止，凌遲刑都一直被做為國家正式的刑罰來施行。

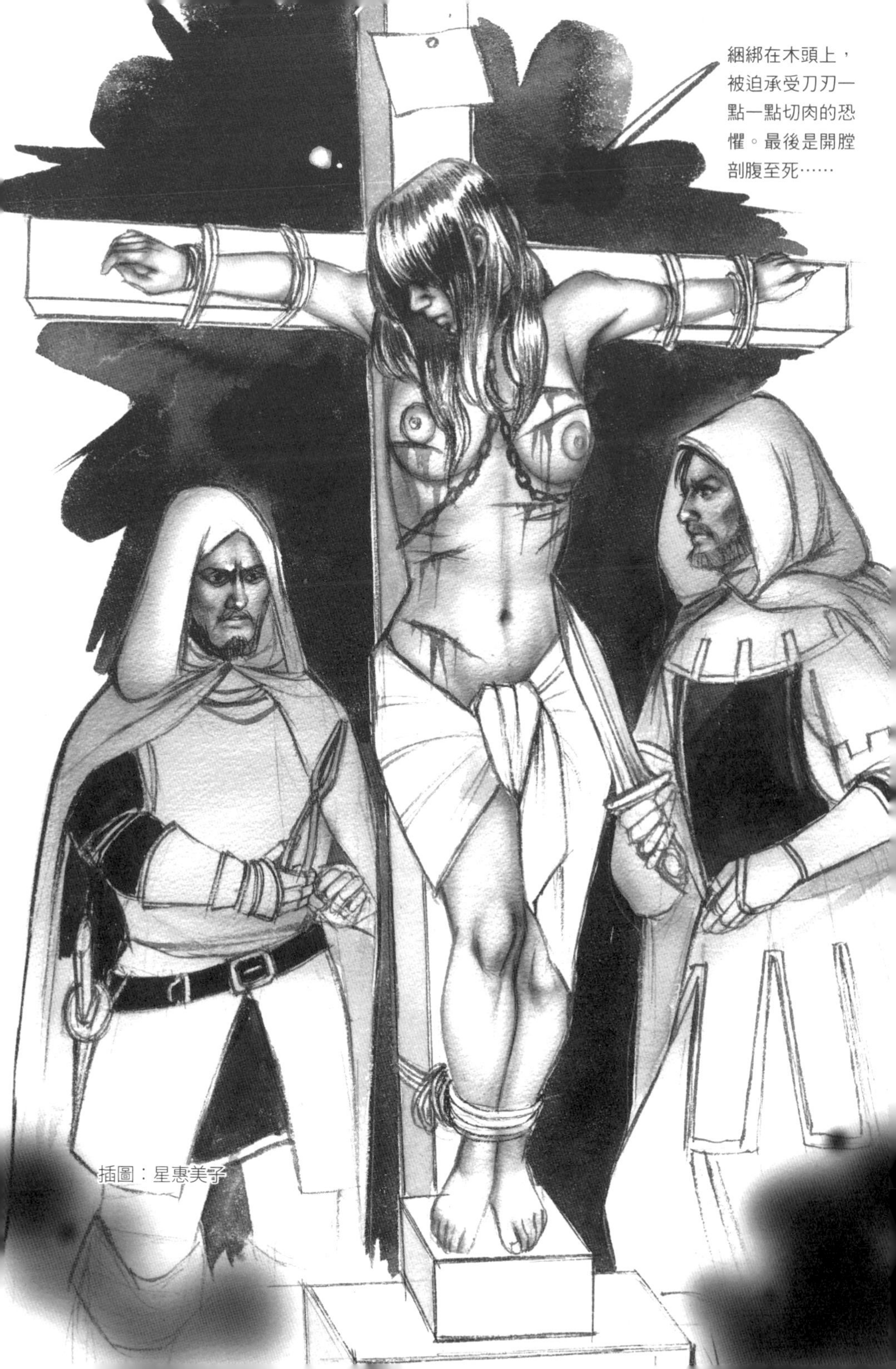
綑綁在木頭上，
被迫承受刀刃一
點一點切肉的恐
懼。最後是開膛
剖腹至死……
插圖：星恵美子

剝皮

讓隱藏在皮膚下的紅黑色血肉暴露出來

將人類的皮膚如同剝動物毛皮一般的剝皮行為，不只被做為處刑方式之一，也被廣泛使用於宗教裁判的場合。在中世紀的歐洲，對違背教義者進行制裁的行為，往往等同於將罪犯致於死地的行為。

這種刑罰始自古代，早在東方的古亞述帝國，就有國王嗜虐成性，而執行剝皮刑的記載。

暴君安條克四世（Antiochus IV Epiphanes），將違背命令的老婦人拖出來，讓她兒子全身赤裸地接受鞭打，鞭打至皮開肉綻後，再用扁口鉗子插入傷

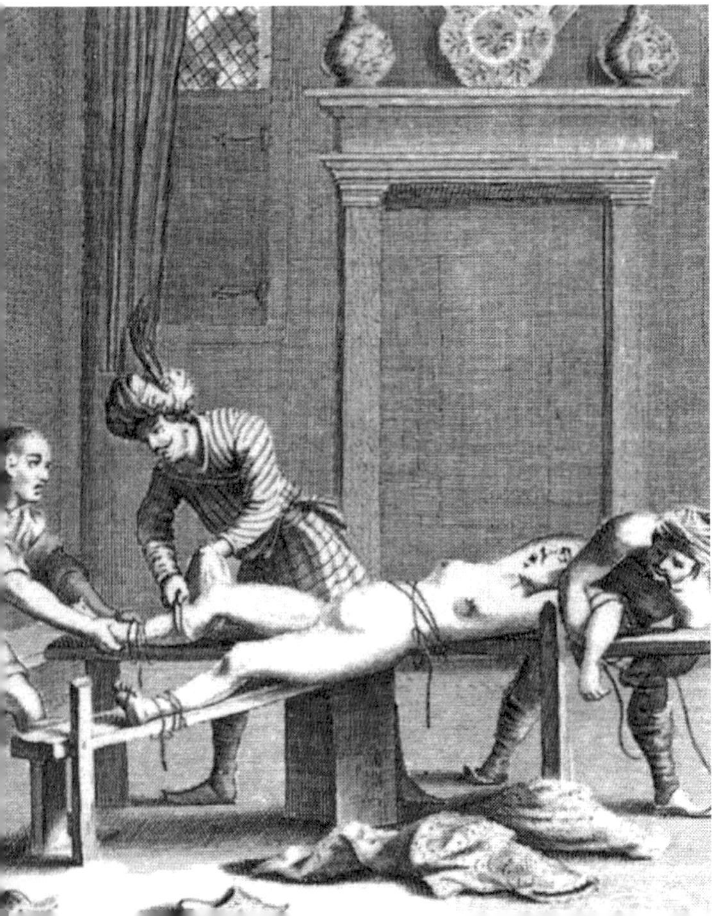

口，將皮膚一片一片地撕下。不論是四肢還是顏面，都因剝皮而變得全身赤紅的兒子，在母親面前以大車輪輾壓過全身後，再活生生地用火燒死。像這樣慘不忍睹的酷刑，一直到歐洲的中世紀都還在使用。

此外，剝下來的皮也會被「活用」在各種用途上。例如，阿契美尼德王朝（Achaemenid Empire）的波斯國王岡比西斯二世（Cambyses II），將涉嫌瀆職的法官活剝下來的人皮，用來裝飾那名法官執行職務時所坐的椅子。而接任的法官正是那名遭到處刑法官的兒子，這是多麼諷刺的一件事。

到了中世紀，剝皮的方法更為精進，甚至發明出銳利如貓爪般的器具。這是為了可以將皮膚自肌肉乾淨剝下的發明，從此可以在不殺死受刑人的狀態下，將皮膚剝下。

然而，這種發明會讓罪犯背負一輩子無法消除的犯罪印記，等於強加給犯人另一道刑罰。對於擁有這種印記的人而言，世人嚴厲譴責的眼光，等同又被社會殺了一次。這樣的處罰，有時候說不定比死刑還要殘酷。

某位畫家所描繪在東方進行剝皮的想像圖。兩名拷問官正在剝除全身赤裸女人的腳部皮膚。

切耳削鼻

放棄做為人的精神抹殺法

翻閱戰爭史，可發現切下敵人身體的一部分，在世界上是相當常見的行為。非常有名的例子如：漢字「取」的象形文字本義，就是在古代中國戰場上，士兵會割下敵軍的耳朵，以標示自己的戰功。

而在以往的日本，與其說是公刑，不如說是以私刑進行的情形比較多。在源氏、平氏兩大武士家族對抗爭鬥的時代，平時忠捕捉到攜帶著後白河天皇發出的院宣（命令書）的使者花方，即削去了他的鼻子……這個故事記載於《源平盛衰記》。像這樣的私刑從戰國時代，不曾間斷地沿用到江戶時代。

進入江戶時代，削鼻刑成為宗教迫害的手段。十七世紀在九州地方打壓迫害天主教時，據說執行了將鼻子削落、額頭烙印十字等刑罰。有時只削下鼻子，有時連上唇也一併削下，不過不管哪種情形，都不會造成生命危險。

然而，這副殘缺不全的容貌一輩子都不可能恢復了。將罪行清楚地留在外貌上，這樣的處罰比起死罪，對於社會更具有警戒效果。

但不管怎麼說，失去耳朵或鼻子的容貌總是容易引人側目。社會上對這樣外表的歧視態度，也是這個懲罰的考量點，可以說包括了以儆效尤的意涵在內。

近年因為此刑過於殘酷及野蠻，大部分國家幾乎已經不再執行。不過，伊斯蘭世界的部分地區，直到現在仍還根深柢固地保留下來。

例如二〇一〇年，阿富汗少婦艾莎（Bibi Aisha）因為不堪丈夫凌虐而逃家，被認定損害夫家名譽，而被身為塔利班分子的丈夫割除她的耳朵及鼻子。這則震撼全世界的新聞，仍讓人記憶猶新。

寒光閃閃的刀刃一口氣將耳朵切下之後，接著就是鼻子……

插圖：太井ハルミ

拔舌刑

語出虛偽者，將以其舌償之

人都會說謊，然而，如果那個謊言損及公共利益，或是陷人於罪，就必須對說謊的「舌頭」做出懲罰。因話語所犯之罪而處拔舌之刑，就是所謂的「同態復仇刑」（即以眼還眼、以牙還牙）。

在中世紀德國廣為引用的法典《薩克森明鏡》（*Sachsenspiegel*）中，明定未得國王許可逕行裁判者，或是在裁判中做出偽證者，都要處以此刑。此外，名譽毀損或是對執政當局的侮辱、口出惡言等言語上的罪行，也是判此刑的對象。

撬開囚犯嘴巴後，以鉗子之類的工具將舌頭夾住，強力拔除。此外，也很多人使用剪刀、匕首等利刃將舌頭割下。

這種刑罰如前所述，懲戒對象是以「舌頭」來欺瞞別人、造成不利損害的人，所以採用奪其舌頭的方法，以眼還眼。不過在中世紀德國，隨著時代的演進，逐漸被切除手指或手腕的刑罰所取代。因為舌頭畢竟是非常敏感的地方，這個部位受傷後，會有引起休克產生痙攣，進而導致窒息的風險。於是，隨著時代變遷，拔舌的處罰僅成為一種形式，原本的割下部分舌頭，改為切除手或手指的方式執行。最後甚至以繳納罰金來替代。

雖說如此，執行此刑的行刑人，比起當時的某些庸醫，更具備外科手術領域的專業知識。這是必然的，因為透過行刑，能夠實際學習到人體致命傷的部位，以及傷口復原的狀況。甚至有行刑人退休後，開業成為外科醫生。實際上，幾乎沒有受刑人因被割下舌頭而喪命的事例。證據就是斬首或絞刑都有留下或多或少的失敗案例記錄，但拔舌刑卻很難找到失敗案例的記載。

遭受鉗子之類工具拔舌的男性罪犯。因為妄語虛偽而遭受拔舌刑罰的結果，日後別說是謊言，就連正常說話都不可行了。

插畫：太井ハルミ

拔牙刑

針對牙齒的拷問，再頑強的男人也得屈服

就算是對疼痛耐受度高的成人，聽到「牙醫」這兩個字也不免心生畏懼。與腦部相近的牙齒，據說沒有辦法透過訓練來增加忍痛能力。因此，自古以來多是戰爭時期使用的審問手段。

方法既簡單又粗暴：將夾鉗類的工具插入口中，把牙齒一根一根扭轉拔下即可。當然沒有麻醉。大部分時候，俘虜會因為無法忍受劇烈疼痛，在牙齒還沒有被拔光之前，就招供出情報來。

此外，據說最近還有一種新型的處刑方式，亦即將鑽子之類的工具插入牙齦和牙齒之間，直接對神經用刑。既不用拔除牙齒，又能長時間延續凌駕拔牙之苦以上的劇痛，此刑所施予的痛苦肯定是難以想像。

受到拔牙刑求的犧牲者當中最著名的人物，要算早期的基督教聖人，聖亞波路拿（Apolonia）。這名古羅馬時期的女聖徒，因承認自己是基督徒而被暴徒控制脅迫她棄教，據說她的每顆牙齒都被拔下；另有一說是遭受毆打，牙齒都被打落。對女人而言，此刑求未免太過分，但聖亞波路拿絲毫不屈服，也沒有放棄自己的信仰。最後主動投身火中，成為殉教者貫徹教誨。到了現代，這名女聖徒因為這段佳話，被視為牙齒的守護聖人而受到信仰。

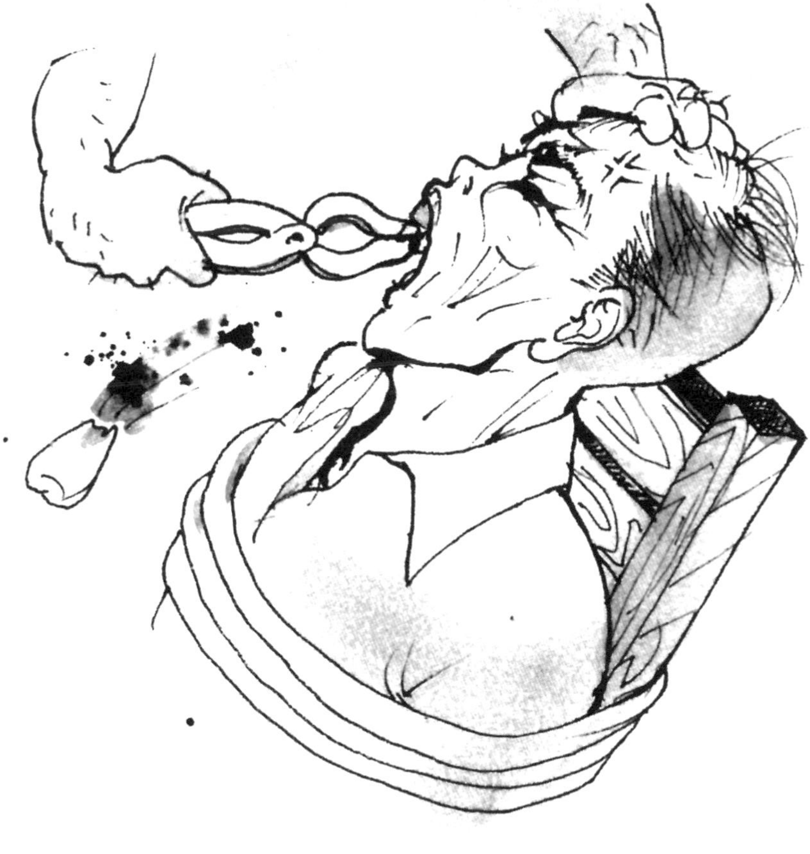

用鉗子將牙齒拔除。畢竟不是牙醫看診，完全沒有麻醉。
伴隨著大量出血和劇痛鉗子繼續朝向下一顆牙齒……

插畫：太井ハルミ

刺眼刑

奪去視力使其失能無力

俗話說：眼睛會說話。在中世紀的歐洲，正是將眼睛視為代表一個人人格的器官。因此，對犯下重罪的人，會處以將眼睛刺瞎，奪取視力的殘忍不人道刑罰。和削耳切鼻相同，將罪犯的手足綁住，接著用刀刃將兩隻眼睛逐一刺破。當視野被黑暗覆蓋的那一瞬間，相信受刑人會深深後悔自己的犯行吧。

當時在歐洲，認為罪犯與惡魔互通聲息的思想根深柢固，因此這種刑罰也有奪去邪惡力量的意義存在。適用這種「刺眼刑」的罪犯，一開始是破壞村鎮等共同生活體的重刑犯，但後來也開始適用於詐欺罪或殺人未遂罪等犯行。無法支付贖罪金的人，會被共同生活體驅逐出境，如果隨便跑回來，就會以刺瞎眼睛的刑罰來代替死刑。在執行上以刺瞎雙眼為原則，若只刺瞎單眼表示有減刑，但是除非有極為特殊的狀況，否則很難獲得寬恕。此外，刺眼刑也會以同態復仇刑來執行。例如，偷窺、色迷迷地盯著人看，或是見錢眼開進而偷竊等情形，會被處以將「犯下罪行的眼睛」挖除的刑罰。

這種在某個程度上比死亡還教人恐懼的刑罰，在中世紀的波斯和印度經常被執行。在這些國家，刺眼刑其實就等同於死刑。這種野蠻的刑罰，到了二十世紀仍然頑強地保留下來。據說，越南共和國的首任總統吳廷琰，曾經對被關入監獄的反政府勢力人士，執行將眼球挖出的酷刑。對傲慢的獨裁者而言，將敵人的眼睛刺瞎，是使敵人失去能力的有效手段吧。

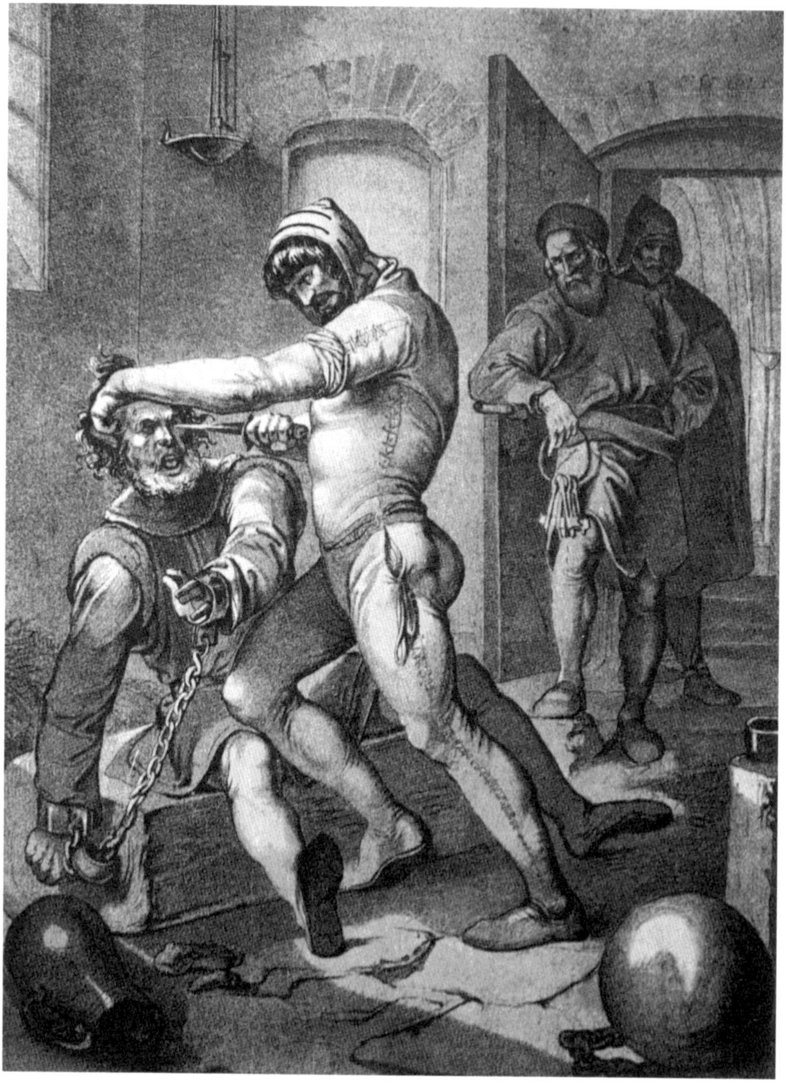

獄吏正在對關押的政敵執行拷問酷刑。
在中世紀，刺眼刑是等同於死刑的刑罰。
資料來源：amana images

斬首刑

專屬於特定人士的尊貴處刑方式

以斧或劍將頸椎斬斷，砍落首級的斬首刑，是被廣泛使用的常見處刑方式。

在歐洲一帶，隨著時代推進，斬首刑逐漸定位為貴族的處刑方式。這是因為將首級示眾的行為，帶有獻給天神的尊貴犧牲之神聖意涵在內；同時，還是痛苦時間短暫，相較下比較「人道的死法」。因此，使用的工具也由斧頭改為刀劍這類貴族的武器。

即便行刑時使用的工具不同，但基本規則不變。首先讓受刑人跪下，下巴朝前方突出，以便將頸部裸露出來。死刑執行者要對準頸部，俐落地揮下一刀，將首級斬落，再將落下的首級擺放在死者軀體旁。依慣例為了強調受刑人已徹底死亡，首級擺放的位置必須與軀體保持一定的距離。

然而，這樣的斬首刑對執行者來說，是份心情沉重的工作。

使用斧頭或是有將頸部固定的臺座的情況還算好，但實際上大部分時候，幾乎都無法將跪下的受刑人頸部好好固定住。甚至有時還會有受刑人拒絕下跪，要求站著接受處刑的情況。此時，行刑人勢必採用橫向揮刀來將首級砍下。

斬首時如果順利一刀人頭落地，行刑人會受到眾人稱許。一旦失敗了，後果可能就不堪設想。此時，圍觀民眾會將怒火轉向行刑人，除了怒罵叫囂，甚至還會有民眾圍上前來凌虐殘殺行刑人。

一六二五年因為殺害嬰兒，而被處以斬首刑的女性貴族海蓮娜・吉萊（Helene Gillet）一案，就是這種情況的實際案例。執行處決時行刑人揮刀數次都無法砍下她的首級，引起圍觀民眾憤怒而慘遭虐殺。

斬首刑對於行刑人來說，也是冒著生命危險執行的處刑方式呢。

斬首刑是種普遍且常見的處刑法，
在死刑當中也可說是殘虐性最輕微的刑罰。

斷肢刑

哪個部位犯罪就切掉那個部位

從標榜「以眼還眼」的《漢摩拉比法典》（*The Code of Hammurabi*）而著名的古代美索不達米亞時代開始，奪去所犯之罪的相應部位來贖罪的「斷肢刑」，即被廣泛使用。

也就是，用手行竊時就將手切斷，造成對方四肢損傷時就砍下傷害者相同的部位，是一種基於原始理論的刑罰。而這種刑罰容易讓人詬病的地方，就是不問清當事者犯罪事由，即使是不小心讓對方受傷，同樣直接砍下他的肢體。這種不分青紅皂白就直接砍了的案例，在當時應該也是時常可見吧。

至於斷肢的方法，如果是手臂，就放在木製臺子上，以斧頭由上往下一口氣砍斷。如果是手指或是腳部，依部位有時也會使用匕首切割，或是棍棒打斷。大致說來，將身體一部分切斷的刑罰，是做為比死刑輕微的刑罰，而被頻繁地執行。

失去身體一部分時，雖然伴隨著痛苦，但至少不是會讓人喪失性命的刑罰。可是，對於共同生活體社會而言，缺少手腳的人，在社會上猶如死人一般。不論過往的身分為何，如今都將成為社會迫害的對象。被奪去能隨意活動的手腳，以致被社會厭惡排斥的受刑人往往會覺得「還不如死了算了」。

斷肢刑，與其說是要糾正犯罪者的行為，倒不如說是將麻煩人物從自己所屬的共同生活體中盡快驅逐出去……在那樣自我防衛功能強烈運作的時代，實為冷酷的防衛手段。

十五世紀左右，在地牢裡正被切除手指腳趾的囚犯。接受制裁之後即使保住性命，受刑人也得面臨被共同生活體驅逐，或是遭到無視的命運。

鋸引刑

用鈍而不利的鋸子來回拉鋸地割斷頸部

在歐洲，有使用鋸子將身體直向鋸成兩半的處刑方式。而在日本，一直到江戶時代，都還有執行用鋸子將頸部橫向鋸斷的「鋸引刑」（鋸刑）。這是對殺害主君或主人的重刑犯所處的極刑，在江戶時代，是最嚴苛的死刑。

現存記載的案例中，可以找到十六世紀在京都進行處刑情景的文獻資料。根據該記載，罪犯的兩手被砍下，頸部也被鋸斷。

到了戰國時代，以鋸子為工具的處決方式開始普及。自此時起，確立了將罪犯頭部以下的身體埋在土裡，再以鋸子抵住露出在地面上的頸部這樣的行刑模式。

其方式是在罪犯示眾場所的旁邊，放著一把鋸子，並立有「可任意鋸殺此人」的告示牌。身體被活埋的狀態下，毫無抵抗能力的脖子旁抵著一把鋸子，這種恐懼是難以想像的。

更教人驚駭的是，鋸子刻意選用鈍而不利，不好鋸的鋸子。鈍而不利的鋸刃逐漸咬入頸部所帶來的痛苦，讓恐懼感加倍，帶給罪犯相當程度的折磨。

將罪犯埋入土裡到完成處決為止，棄置當場示眾的時間大約數日到一週。從這一事實可知道，就其本質而言，是帶有強烈示眾警誡含意的刑罰。

進入江戶時代的太平盛世，這種警示作用更是明顯。鋸子改為竹製，而且僅虛應故事地放置在只露出頭部的罪犯附近。路過的行人要鋸頸也可以，但沒有人會真的伸手去取鋸子。這種刑罰的實際執行方式，轉變為罪犯經過兩天的示眾之後，帶至市集遊街，接著綁上磔臺，迎接真正死亡的到來。

原本行刑方式甚為悽慘的鋸引刑，隨著時代的演變，逐漸流於形式。即使如此，仍然做為死刑的一種而保存下來。從這裡也可以感受到日本人重視意涵甚於內容的處事風格吧。

下手人、死罪

棄置一隅，無人弔唁的首級

日本江戶時代執行的死刑當中，將頭部砍下的「斬首刑」，分別有「下手人」（斬首）和「死罪」（斬首並抄家）這兩種刑罰。

兩者皆是將罪犯的頭部以刀刃切斷的處刑方式，但「下手人」是在日間行刑，而「死罪」則是夜間執行的斬首刑。被砍下首級的屍體，則做為試刀使用。

受此刑的罪犯，自牢中帶出後，首先會到幕府設置的監視所——牢屋改番所，確認是否為本人。然後，檢使會對罪犯朗讀判決宣告文，接著移交給稱為「切場」的刑場。

到了刑場入口，先以對折的和紙遮住罪犯眼睛地綁在頭上，由負責執行的「切役」和賤民階層的「非人」，將被繩子綑綁住的罪犯，帶至切場前面。當罪犯跪在草席上，非人就會押住罪犯的身體，切斷綑綁的繩索，並將衣襟拉至肩膀以下。當非人將罪犯的頭部向前按的手縮回時，就是執行死刑的信號。執行斬首者口中一喝「時候未到！」[1]旋即將刀下揮，砍向罪犯頸部。

斬首的任務規定要由稱為「同心」的下級官員來擔任。每個人的身手不同，如果是由熟練的同心下刀，離世時可以不受痛苦。但如果遇上技巧不佳的同心，斬了幾次都無法斷氣，就得反覆數次親身經歷死亡的痛苦。對罪犯而言雖然諷刺，但手法熟練的斬首行刑人是相當彌足珍貴的。

失去首級的屍體，經由非人的放血處理後，全身上下包括兜襠布都是非人的酬金而被全部剝除。全身赤裸的屍體就這樣被棄置於千住回向院（淨土宗寺院），而且不可將罪犯的遺體交付親戚友人領回，連憑弔都不被允許。

判處「死罪」的都是十兩以上的竊盜、對父母或主人殺人未遂等重罪犯人。一旦被處決，家財及田產都會完全沒收，是非常嚴苛的刑罰。

註1：行刑人在落刀的瞬間，口中會喊著：「時候未到、時候未到！」如此犯人會不自覺放鬆警惕、伸長頸部，此時再一口氣把頭砍下。

參考資料：http://www.shinchosha.co.jp/shincho/9708/henmi.html

西式鋸刑

以鋸齒狀的刀刃，將罪犯當成原木鋸成兩半

切斷肢體的刑罰中最為悽慘的處刑方式之一，莫過於將活生生的人用鋸子鋸成兩半的方式。原本發明做為裁斷木材的工具，要拿來切斷人體，畢竟相當不適合。受刑人可說是直到死前一刻，都充分體會到「死亡的滋味」。

此刑在東方或歐洲執行時，會以鋸子將受刑人的軀體切成圓片，或者縱切，簡直就像是裁切原木一般。當然，受刑人並不會立即死去。只能一邊聽著鋸齒嵌入肌肉，骨頭拉鋸發出的聲響，隨著細小的齒刃咬住血肉的痛苦、撕裂骨髓的劇痛，一邊發出悲鳴。相較之下，直接一刀斃命該是有何等痛快呀。

特別殘酷的是以倒吊的姿勢，由胯下開始鋸斷的方法。這種方法比起任何其他的處決方式，更能長時間保持受刑人意識清醒。因此，受刑人只能聽著自己的肉體逐漸被扯裂的聲音，永無絕期般經歷難以忍受的痛苦。因為鮮血與油脂而變鈍的鋸齒，勢必也會延長受刑人痛苦的時間。

鋸刑分斷的屍體，大多棄置原地示眾，或是投入火中焚燒。不過，如果是因為涉嫌施用巫術而受刑的屍體，據說有時會切成塊，分吊在市街各處，當作驅魔使用。這部分與受到車裂刑或是獄門刑（斬首示眾）的屍體下場相同，受刑人以殘酷方式處死之後，仍然不被允許安息永眠。死後仍要曝露在眾人面前並棄置，至此才算處刑完畢。即使肉體已遭毀滅，仍然要對靈魂處刑的思維，在現代是難以想像的。

十六世紀的木版畫，描繪殉教者遭鋸成兩半的情景。以鋸子處刑，喪命的時間比想像中要長，受刑人的痛苦也隨之延長。

切腹

為守護名譽賭上性命的武士美學

罪孽深重者，由當事人自行了斷性命。就處決的觀點來看，「切腹」這種行為在世界上也是相當少見。

關於切腹，在可信度較高的記載中，是在日本平安時代後期首次出現。以武士源為朝是日本史上第一個進行切腹的人的說法，最為有力。爾後，鎌倉時代隨著武士道的滲透，切腹做為勇敢壯烈的自盡方式，在武士階級廣為流傳。

原本只是自盡方式之一的切腹，在豐臣秀吉命令下成為強加於人的刑罰。豐臣秀次、千利休都是因此被迫切開自己的腹部而喪命。從此之後，切腹固定成為武士的刑罰。

切腹的程序雖有其嚴格的儀式，但基本流程是先以短刀刺入自己的腹部，然後將刀刃由左至右橫向一劃，站在身後的介錯人緊接著砍下切腹人的首級。

通常人在切腹後不會立即死亡，因此直到江戶初期為止，沒有介錯人負責砍頭的切腹人，其痛苦會緩慢延續直到嚥氣，不然就是再補一刀刺向喉嚨自盡，以求解脫。

此外，也曾有段在切腹儀式中還包括了將自己的內臟拉出後，必須再將其扯斷的殘酷時期。

而所謂介錯，即是為了盡快結束以付出性命來承擔責任的切腹人痛苦，基於「武士的慈悲」而進行的

因酒醉或口角導致對方死傷的武士，也會被科處名譽刑切腹。
形式上雖稱為切腹，但實際上武士伸手取刀的那一瞬間，
身後的介錯人即落刀斬下首級。

協助自殺行為。

江戶時代以後，切腹是只允許武士階級用來承擔責任的「光榮」死法，當時受到幕府的徹底管理不得任意實施。

進入明治時代，切腹被正式禁止。然而，切腹仍被日本人視為高潔的象徵，或是貫徹自身信念的意志表明手段，由軍人與思想家所傳承下來。

切腹是日本獨特的自盡方式，全世界各國都知道這是做為一種日本人的精神象徵而存在。

剖腹抽腸刑

利用絞盤將腹內數公尺長的腸子抽出

相對於光榮死去的切腹，既慘絕人寰且不光榮的刑罰，即為「剖腹抽腸刑」。其原型是過去在羅馬、希臘施行的「剖腹刑」，這和切腹相同，以武器刺入體內後將腹部剖開。剖腹抽腸刑通常會在死刑執行前實施。在波斯依慣例會將受刑人的腸子拉出後，再斬斷、肢解受刑人身體。

四世紀時的義大利，這種刑罰的執行更讓人不寒而慄。執行者會先用繩索將受刑人的四肢固定在地樁上，再用刀刃將腹部切開；接著，從腹腔中拉出還冒著熱氣的腸子捲在絞盤上。另一名執行者握緊絞盤上的握把旋轉，將數公尺長的腸子捲拉出來。據說人類的小腸長度有六公尺以上，要全部捲拉出來，勢必耗費相當的時間與勞力。而受刑人所要付出的代價，就是活生生地承受腸胃被拉出時難以忍受的痛苦。

一三〇五年，被控叛國罪而遭判處死刑的威廉・華勒斯（William Wallace）也是這種殘酷刑罰的受刑人之一。為了拯救被英格蘭統治的祖國蘇格蘭，這名愛國者挺身而出，擔任反抗英格蘭軍隊的領導者。好不容易逮捕到他的英王愛德華一世（Edward I of England），面對仇敵，判處了其所能想到的最惡毒的刑罰。華勒斯被以木橇帶進刑場，先施以絞刑但不絞死，接著斬斷生殖器，再將腸子拉出。已經奄奄一息的他，最後被挖出心臟，至此才允許他嚥下最後一口氣。之後他被四分五裂的屍體，棄置於示眾臺上警告民眾。執行這樣的殘酷刑罰，可以充分感受到英格蘭王的憎恨有多深。

因殺人罪而先被處以絞刑，接著拉出腸子的罪犯。

一旁的狗啃食著像是內臟的東西，實在是令人毛骨悚然的情景。

資料來源：amana images

羅切、宮刑、去勢刑

不分男女，奪去生殖能力的極刑

所謂的「羅切」，是日本古代將男性生殖器切除（閹割）的行為。本來是遁入佛門的僧侶為了要斷絕俗世欲望而自宮的行為，並沒有包含刑罰的意義在內。

將這個羅切以刑罰為目的執行的叫做「宮刑」，別名「去勢刑」。特別是經常於中國古代執行，將男子的陰莖或陰囊切除，女子則將生殖器縫合、挖除子宮或卵巢，徹底破壞生殖器官功能。

這種刑罰又稱為「腐刑」，一說是因為受此刑者會散發出獨特的腐臭味而來。在外科技術尚未發達的時代，傷口無法癒合，化膿腐敗的狀況相當常見。因傷口惡化而喪命的案例相信不少。此外，伴隨絕子絕孫這樣的社會性制裁的宮刑，在當時的中國是屬於僅次於死刑的重刑。

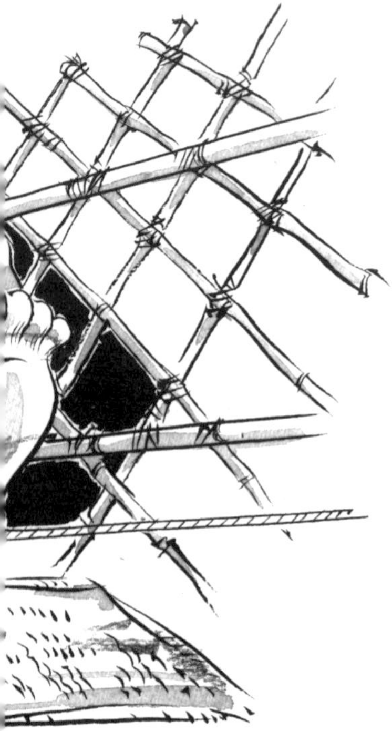

插圖：星惠美子

中國漢代經常可以看見執行此刑的案例，但到了隋代，表面上已經廢止。因此，日本並沒有將宮刑引入做為國家刑罰，從鎌倉時代到江戶時代初期，稱為「男根切除」的陰莖連根

拷問的手段是要帶給對方痛苦，
只要能滿足執行者嗜虐的心理，
不管切割什麼部位都沒有差別。
就刑罰而言，依照所犯罪行內
容，實施同態復仇刑的情形較
多。如果是強姦或是通姦罪刑，
大多處以切除生殖器。

切除刑罰僅有零星記載。雖說如此，針對生殖器的攻擊或凌辱，似乎是每個時代都會想到的手法，拷問或私刑將男性生殖器切下的羅切，或是將女性生殖器挖除的「幽閉」，即使在天下承平的江戶時代，在不見天日之處，仍是私下執行。

即便進入二十世紀，針對生殖器的拷問酷刑案例仍時有所聞。蘇聯的祕密警察有將嫌疑者的睪丸拉出來夾住的案例，英國則有以專用的拷問刑具將敵軍空軍中校睪丸壓碎的案例。針對肉體的弱點之一，同時也是生命象徵的生殖器進行折磨蹂躪，會讓受刑人的身心留下不可抹滅的傷痕。

三段斬

將人體分兩次斬斷的高超技巧

江戶幕府的通姦罪，也就是紅杏出牆或外遇劈腿的罪行，依例要以死償罪。各地諸藩大名管轄的城下町也遵循這個習慣，以磔刑或斬身刑來裁罰罪犯。不過，其中有一位大名處刑的方式略為不同。

在前田家所治理的金澤藩，有一種名為「生吊胴」的處刑方式。此刑先將受刑人的雙手反綁在背後，然後再吊掛在柱上的橫木。首先，橫向一刀將身軀斬斷，失去下半身的上身因為頭部的重量而向下翻傾的那一瞬間，再反手回刀將首級砍下。這種又被稱為「三段斬」的刑法，對受刑人來說是相當殘酷的處決方式。同時，對於執行者的刀法要求也非常高，刀法不甚高明者，就連想要一刀砍斷懸空的不穩定人體都很困難。

根據記載，前田家曾有負責管理草鞋的男子，和馬匹管理者的妻子在江戶城下觸犯通姦罪，兩人都被召回金澤城，在淺野川的河原以生吊胴的方式處刑的案例。

除此之外，據說在室町時代，武田信虎因小妾有不貞之嫌，也曾以相同的方式處刑。至於其他大名家就幾乎找不到類似此刑的執行記載。難道是因為將活生生的人斬成三段的手段過於殘酷嗎？實際並非如此。將屍體用作試刀的「死罪」，或是以鋸子將首級鋸下的「鋸引刑」之類，更加殘酷的刑罰所在多有。恐怕是因為三段斬的執行者需要具備俐落的刀法，而能夠順利一刀兩斷的人實在太少了。

先斬斷身軀，失去下半身支撐的上半身會因頭部的重量，而向下翻傾。看準這一瞬間，將首級砍落，需要極高的技巧。

插畫：星惠美子

拉肢刑

只要不肯吐實，就將肢體拉伸到極限為止

在歐洲各地，「肢刑架」受到許多當權者的愛用。乍看之下像是一張奇特的桌子，但這種道具既不是舒適的床架，也不是好坐的椅子，而是用來自愚蠢的罪犯口中取得真相的工具，也就是拷問刑具。

據說在西元前的古希臘，就已經出現肢刑架的雛形。雖然依地區不同，設計上略有變化，但基本的原理構造是相同的。將雙手雙腳用繩子綁住固定，然後分別朝反方向拉扯，施加罪犯痛苦。被拉扯到極限的軀體四肢瞬間脫臼，有時就連內臟都被撕裂，鮮血自罪犯口中吐出。即使如此，拷問官的折磨也不會因此收手。此外，為了能夠盡可能延長痛苦的時間，在執行時會斟酌力度，不至於過度傷害受刑人。

十八世紀留有下列證詞。被葡萄牙宗教裁判所拘留的英國人加斯達斯，反覆數次被送上肢刑架，身軀都被拉扯到極限，但每次都給予充分的休息及治療，在周全的體制下接受拷問。這一連串的步驟會反覆執行到拷問官放棄、罪犯認罪，或是受刑致死為止。即使受刑人是被誣告陷害，也與拷問官無關。只要一躺上這臺可怕的肢刑架，就已經決定了犧牲者的命運。此外，肢刑架這種受到許多國家喜愛的處罰工具，還被取上奇怪的名字，最具代表性的是英國稱其為「埃克塞特公爵之女」（Duke of Exeter's daughter）。這是由於一四四七年埃克塞特公爵的提案，讓倫敦塔監獄採用肢刑架而來。當時在倫敦居民之間，還流行著「和埃克塞特公爵之女結婚」這個黑色笑話，可見在平民心中這種刑具是多麼恐怖的存在。

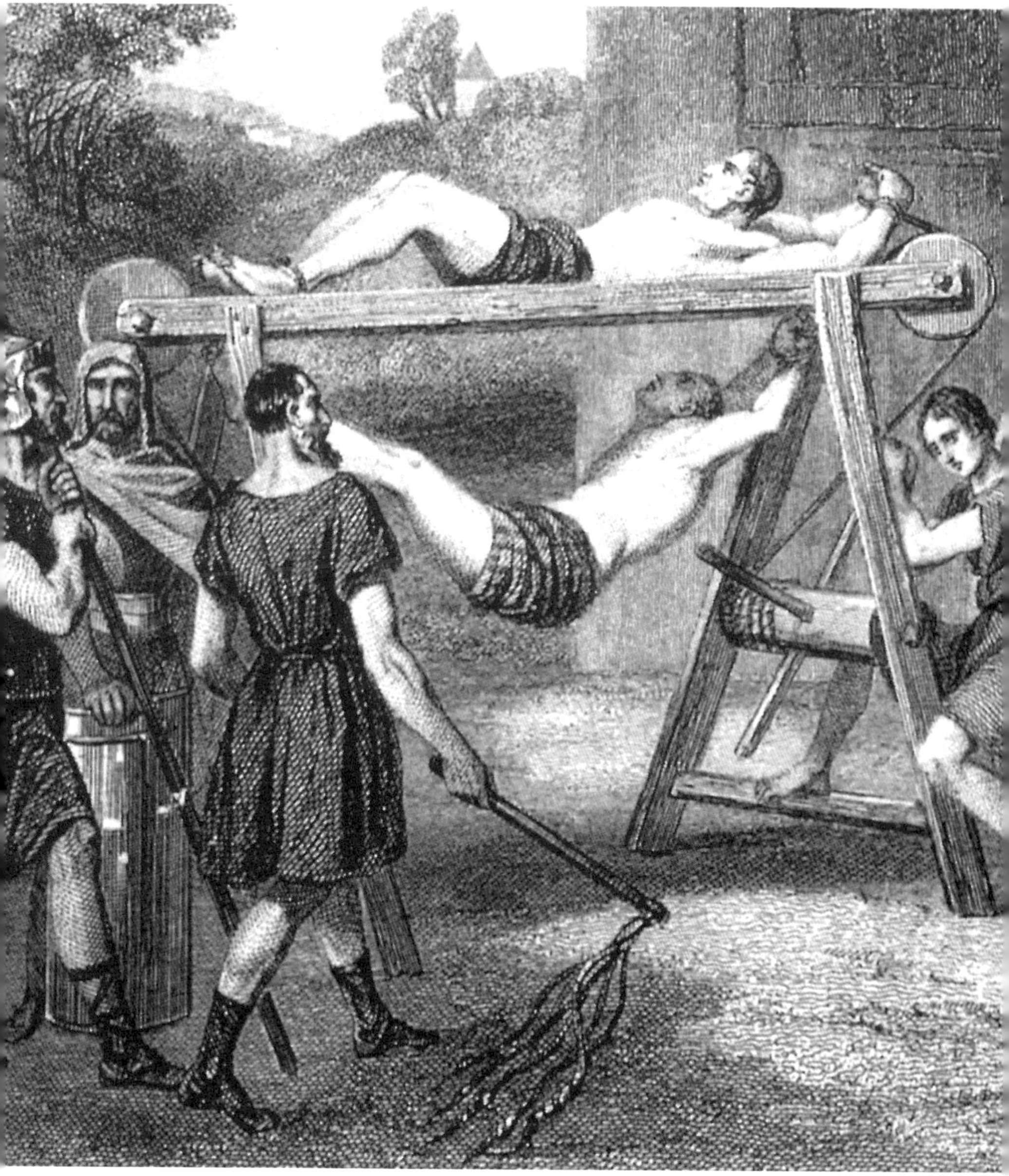

光是肢刑架這個工具本身就足以傷害受刑人的身體。
然而，有些執行者還會以棍棒或鞭子毆打受刑人，讓慘叫聲更加淒厲。

重壓刑

要想卸下罪行的重擔，只有自白一途

以重物壓迫的拷問方式雖然不是以處刑為目的，但做為逼迫嫌疑犯認罪的手段，普遍見於世界各國的記載。要給嫌疑犯多少痛苦，可以藉由調整施加重物的數量來進行，這也是自古以來此刑受到重用的一大理由。當這種拷問方式進化到一個階段，便發展出十五世紀英國的拷問設備「重壓房」。

當時在英國，可說每座監獄一定都會配備這種重壓房，外觀看起來就像是正方形的小房間。四個角落以牢固的柱子由地板頂向天花板，然後再裝設船形的裝置，利用滑車使其可以自由上下移動。

這種裝置的使用方法如下：嫌疑犯帶入此房間後，先讓他平躺在地上，再將平坦的鐵板壓蓋在嫌疑犯身上，就像三明治一般。然後將放入重物的船形裝置緩緩放下，逐漸施加壓力。重物每次可以增加五十磅（約二十三公斤），不斷追加重量，直到嫌疑犯招供為止。這種拷問每次執行長達數小時，通常會分成好幾天來進行。不是認罪接受處刑，就是抵抗到最後一刻喪命為止，嫌疑犯的選項就只有這兩種。不肯認罪的人，將會承受數百公斤激烈強力的重壓導致骨頭碎裂，身上所有部位都會噴血而亡。

當時的拷問，並非用來判斷嫌疑犯有罪或無罪，而是要逼迫嫌疑犯本人承認自己有罪的手段。當然，一旦認罪，就得等著接受處刑。明知如此，嫌疑犯為了自身的名譽與剩餘的家人，還是會選擇忍受如地獄般的拷問痛苦。反正，不管是有罪或是無罪，等在前方的只有死亡的命運而已。

四肢被拉伸固定，胸口壓上好幾個重物的嫌疑犯。
即使能夠暫時承受壓力，態度桀驁不遜，
但當有生命危險時，幾乎都會乖乖回答訊問。

抱石刑

每加上一層石板，殘酷程度也隨之增加

以重物壓在嫌疑犯身上的拷問方式中，「抱石刑」是日本發明的獨特拷問方式。在時代劇或小說裡經常出現，相信很多人都對此刑有所印象。

這種又稱為「跪算盤」的拷問，先讓嫌疑犯跪坐在以松木三角柱鋪設、外觀看起來像算盤一樣的棧板上。接著在嫌疑犯的膝上，放置兩手環抱大小的沉重石板。

光是跪坐在這個棧板上，就已經造成相當程度的痛苦，放上來的石板一片重達十三貫目（約四十九公斤），普通人只要一片石板就會慘叫著認罪了。

再怎麼頑強的人，第一次接受抱石刑，只要疊上五、六片石板就會昏死過去。石板重達數百公斤的壓力，壓迫著身體下的折疊雙腳，棧板上的銳角深陷入肌肉，連脛骨都因此變形。加上血液無法循環，雙腳馬上就會出現瘀青。無法流通的血液，會先讓臉色漲成紅黑色，最後甚至會從口鼻噴出。

拷問過程中即使嫌疑犯昏死過去，只要醫師判斷還可以繼續，就會潑水叫醒嫌疑犯。就算是無法繼續執行，嫌疑犯也不會因此獲釋，而是要打回牢房，等待體力回復。

這一連串的流程，除非拷問官放棄，或是嫌疑犯願意自白，否則會不斷反覆執行，甚至長達數年的時間。

其中也有嫌疑犯無法忍受這個永無止期的殘酷拷問，在訊問過程中死去的案例。至死不願自白的嫌疑犯，只會被視為頑抗而非冤枉。當然，官員們也不會因此受到懲戒。

接受如此殘酷審訊的對象，都是犯下殺人、竊盜等重罪而被逮捕的嫌疑犯。即便能夠耐得住拷問，幾乎也都難逃判決處刑的結局。

膝上放置數片被稱為「責石」的石板。
難以承受的壓力，造成兩腳滲血，
最後連口鼻都會噴濺出鮮血。

吊刑

自身的體重變成殺人武器

「吊刑」可說是拷問方式中最為基本的形式。先以繩索將嫌疑犯的雙手綁縛，另一端纏繞在房宅的橫梁或拉門框上，使其雙足無法觸地。僅僅如此即可收到奇效。

懸吊的人體全身重量會落在綁縛的部位上，繩索毫不留情地咬入皮膚裡。拉伸到極限的手臂開始無法承受重量，肩膀的關節也感到極度疲憊。據說，因為過於痛苦，有女性嫌疑犯甚至會出現失禁的狀況。由此可見，維持這種姿勢是如何的殘酷，只要吊掛兩個小時，幾乎所有人都會流出血尿昏厥過去。

吊掛拷問的另一個特徵，是在世界各地都發展出各種不同的變化。綁縛的位置和吊掛的方式不同，就能改變造成痛苦部位。特別是將手反綁在身後吊掛的姿勢，會對肩膀關節造成龐大的負擔，苦痛也隨之增加。此外，若是綁住腳踝倒吊，體內的血液就會逆流到頭部。長時間保持這種吊掛姿勢的嫌疑犯，有可能口鼻都會流出鮮血。

另外，還有加上重物或是不時搖晃嫌疑犯身體，都會讓痛苦達到頂點。無力抗拒的嫌疑犯不是不斷慘叫著，就是失去意識昏死，或者就乖乖地自白吧。如果選擇繼續頑強抵抗，不僅要被持續吊掛著，後面還有更加殘酷的刑求手段等著伺候。就算實際上沒有犯罪，但因畏懼心理而招供的人，恐怕也不在少數。

海老縛

由負責取締放火盜賊的官員所發明的殘酷綑綁刑

使用繩索的拷問方式多種多樣，其中殘酷程度首屈一指的，要算江戶時代負責取締放火盜賊的長官，人稱「鬼勘解由」（魔鬼勘解由；勘解由為官職，類似法官）的中山直守所發明的「海老縛」（蝦式綑綁）。先讓嫌疑犯盤腿坐地，將雙手反綁在身後，再將綁住雙手手腕的繩索繞到頸部前方與雙腿綁縛固定。頭部和兩膝相觸的姿勢，看起來就像彎曲的蝦子。只要一條繩子就能執行此刑，不但限制了嫌疑犯的活動、呼吸，就連血液的自由流動都被剝奪。海老縛迫人招供的高效率，是審訊凶惡罪犯時的重要手段。

勉強而不自然的施力姿勢，刺激全身上下造成劇痛，讓嫌疑犯承受極大的痛苦。毫無抵抗能力的嫌疑犯，被類似掃帚柄的棍棒類工具拚命毆打，要是失去意識昏死，就潑水使其清醒。長時間保持這個姿勢放置不管，嫌疑犯的身體會由腳部開始瘀血，並逐漸擴大範圍向腹部上方蔓延。若是瘀血惡化到胸部，性命就有危險。此外，因為壓迫感而造成的呼吸困難，對罪犯來說也是生不如死的折磨。

這種過於嚴苛的拷問，別說受刑人無法保持清醒，經常連性命都有可能丟失。但和抱石刑一樣，會受到此刑拷問的大多是凶惡罪犯。因此，就算官差誤殺嫌疑犯，也不會受到懲處。如果有得到老中等上級官員的許可，甚至還可以下令將過於頑抗的嫌疑犯逕行斬首。這種強入人罪的蠻行雖然過分，但與其以不倒翁的姿勢，承受地獄般生不如死的痛苦，還不如接受斬首來得痛快。

駿河綑綁

同時施加羞辱及痛苦的吊刑

江戶時代駿府町奉行所設計的「駿河綑綁」，在眾多吊刑中，因為肉體與精神同時受到嚴峻的拷問，而惡名在外。這個別名「駿河拷問」的刑罰細節，如以下所記述。

首先，將嫌疑犯的雙手和雙腳踝一起反綁在身體背後，此時嫌疑犯身體呈反弓姿勢，再懸吊在做為拷問室的土造倉庫裡的橫梁或門框上端的橫木。以這樣的姿勢吊在半空中，股間簡直是完全暴露在外，對於女性而言是更顯屈辱的酷刑。內心受到如此恥辱的煎熬，相信很快就會失去抵抗的意志吧。

脊椎會因自身體重的壓迫，而不自然地彎折，所有的重量負荷也都集中在雙手雙腳綁縛之處。當然，全身關節也都受到不正常角度的重荷，這種拷問可說是全身上下沒有一處能得到休息。有時甚至還會如搖籃一般搖晃嫌疑犯的身體，或是用棍棒毆打，不忘落井下石地羞辱一番與增加嫌疑犯的痛苦。

更激烈的做法是將重石放在受刑人背上，旋轉吊繩後放開。體重和石頭重量形成的離心力，發揮了可怕的威力，造成嫌疑犯肉體上的痛苦。

像這樣殘酷的駿河綑綁拷問方式，事實上並未經幕府認可。以長崎一帶最常使用這種酷刑，主要是針對天主教徒而設置。當時對於天主教徒的迫害非常嚴重，除了駿河酷刑之外，還有各種拷問及處刑方式。那是一個不論男女老幼的眾多信徒遭受到凌虐、殘殺的時代，駿河酷刑是種帶有悲劇色彩的拷問刑。

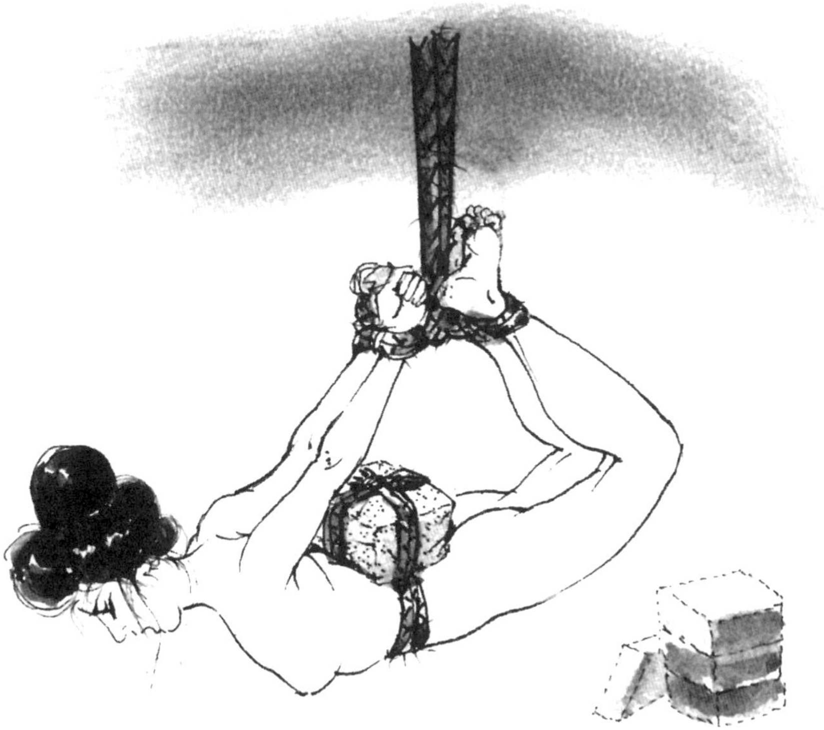

即使是男人一樣會感到相當痛苦，
想必女人光是重石壓迫應該就能感受到死亡的威脅吧。

插圖：太井ハルミ

葫蘆綑綁

緊勒進肉裡的繩索造成五臟六腑極度痛苦

歐洲有一種稱為「馬甲」的緊身束腹，可以讓女人的腰身看起來更細，並且可以將腹部的肉收緊上提，但如果束得過緊反而會傷及內臟，甚至喪命。

日本江戶時代所執行的「葫蘆綑綁」，便是運用馬甲概念的拷問方式。以繩索將腹部最柔軟的部分繞圈綑綁，繩索兩端再如同拔河一般拉緊。緊勒入肌肉的繩索會將皮膚扯裂，並強力壓迫嫌疑犯的腰部至不合理狀態。內臟無法承受壓力而破裂，腸子也會扭轉壓斷。即使如此，緊束的力道仍不鬆手，直到鮮血自口中或下腹部噴出，往往嫌疑犯就這樣失去性命。即使當下幸運保住性命，也無法長久生存下去。

讓人難以置信的是，居然有人可以耐住四十四次這種幾乎可以和駿河綑綁匹敵的嚴苛拷問。據說拷問的時間長達一年九個月。如果傳說為真，嫌疑犯的意志力、體力都非比尋常。

這男子名為木鼠吉五郎。以池波正太郎的小說為開始，時代小說或古裝時代劇，都經常可以見到這位橫行江戶的大盜之名。長期盜賊生活鍛鍊而成的體能，或許真的能夠耐受得住拷問也說不定。然而，這段傳說有個悲慘的結局。對於一直拒絕自白的吉五郎感到不耐煩的北町奉行所長官榊原忠之，最後以「察斗詰」（未取得自白逕行斬首）的方式處死結案。吉五郎雖在庶民階層傳為義賊，但畢竟竊盜是足以處極刑的重罪。姑且不論自白如何，以當時的法律而言應該也算……合理的判決吧。

不論腹肌鍛鍊得如何強健，
要和破壞肌肉纖維，深深勒進血肉裡的繩索對抗實在太難。
往往最後還是會因為內臟受到擠壓損傷而喪命……

插圖：星恵美子

車輪刑

被車輪勒緊的軀體，碎裂成細塊

將圓形沉重的車輪做為殘忍的處刑工具，在中世紀歐洲非常受到歡迎。根據記載，特別是在德國、法國一帶頻繁執行，而行刑方式也饒富變化。

這些地方之所以用車輪做為處刑工具，在於車輪讓人聯想到太陽，是神聖的象徵，以及將罪犯的肉體用來獻祭給上天的思想風潮盛行。

基本的執行程序如下：首先，將馬車的車輪外緣裝上鈍而不利的刀刃，接著將受刑人綁上車輪，用棍棒打斷受刑人的手腳。這個過程大多會在市民面前公開進行，做為警告或是娛樂。接著，將已經碎骨無力的四肢，硬生生地纏繞進分裂肢體用車輪的輪輻內。已經不再是原來樣子，變成血淋淋軟管狀的手腳，以不可思議的形狀與車輪結合一起，而這個「最後完成品的呈現」會影響市民對執刑的評價，因此每個行刑人都會力求表現。

纏繞在車輪上的受刑人，一般會棄置於市街偏遠處示眾。在該處任由群聚而來的好事者辱罵，或是讓烏鴉隨意啄食。過程中會定時提供食物及飲水，盡可能延長受刑人的痛苦。

目睹像這樣強加於罪犯身上思慮周全且惡毒的刑罰，讓人不禁覺得瞬間奪去性命的處刑方式，是多麼地慈悲啊。

在執行車輪刑的全盛時期，每天都有城鎮執行此刑。當然，處刑實況會公開展演以做為市民娛樂之一。因此只要有處刑的地方，就會有人群聚集。而行刑人精采的執刑技巧，也讓大家感佩到讚嘆不已。

如果受刑人是女性，市民們會更加興奮，這個難得一見的娛樂活動將會吸引大量的觀眾圍觀。

雖然說這個時代的娛樂不多，但這樣的娛樂是多麼地殘酷。

描繪以車輪執行刑罰的畫作。
前方有被車輪壓碎身體的男人，後方則可見到綁繞在車輪上示眾的罪犯。

槍決

由近代軍隊所衍生的高效率處決方式

不管對方是誰，只要扣下扳機，瞬間就能奪其性命。槍枝的出現，不僅做為戰爭的工具，也在處刑史上增添新的一頁。

姑且不論俄羅斯輪盤，幾乎沒有將槍枝做為拷問工具的案例。最多是將槍口抵住對方，用來脅迫對方。除了像這樣的紛爭之外，槍枝的使用大多是在槍決的場合。

這種工具能夠迅速致人於死，在戰場這類極限狀態下的簡易審判，經常將槍枝用作處刑工具。也許正因為如此，到了現代，軍事政權國家仍然存有軍刑，執行官方的槍決處刑。

其方法如各位所知，就是將槍口指向受

次頁圖是瞄準心臟的奈及利亞式槍決，
上圖則是瞄準頭部的中國式槍決。
依地區不同，行刑的內容也多少有所差異。

刑人頭部或心臟，扣下扳機即可。

經過正式審判定罪執行處決時，一般在矇上眼睛的囚犯面前會站著數名槍手。如同絞首刑的情況，目的是為了不讓人知道究竟是哪個槍手的哪發子彈是致命一擊，另外則是為了要提高確實槍決的成功率。

不論如何，執行槍決時不會有誇張的開場白，或是帶有儀式意味的程序。此外，不用直接碰觸對方就能奪其性命的優點，也減輕了執行者的罪惡感。

然而，這樣漠然的處刑方式，不僅易於輕率判處極刑，甚至造成大量處決的屠殺暴行。諷刺的是，這種高效率的殺人器械，同時也造成官方不再將奪人性命視為沉重負擔，功過難論。像這樣的悲劇與過錯，只要世界上存在槍枝這種武器，還是會一再上演吧。

矇上雙眼、綁在木頭上的受刑人。
槍手依照執行者的號令同時開槍，擊穿心臟。

專欄 ①

令人避諱的職業「死刑執行人」

真實的劊子手生活——夏爾—亨利・桑松的一生

在古代，執行處決是由奴隸、原告方的代表，或是共同生活體的所有人一起執行。隨著時代演進都市化發展，奴隸人數開始不足，以及處刑本身的意涵產生變化等諸多原因，專門接受執行處決委託的專業人士應運而生，就是「死刑執行人」（即劊子手）這個職業。

從事這令人忌諱的工作的這群人，不允許與一般人接觸，而且為了避免不知情的人不慎接近，死刑執行人有義務穿著容易識別的服裝。除此之外，還必須住在遠離市鎮的地方，購買日用品或食物時，也得付出比行情更高的金額。雖然收入優渥，不至於陷入窮困，但因為經常受人歧視，只能孤獨地生活著。

像這樣的死刑執行人在中世紀歐洲所在多有。執行

巴黎的死刑執行人桑松家的第四代傳人，夏爾—亨利・桑松。自幼就不斷受到各種歧視的他，衷心期盼革命能帶來自由與平等的那一天。

插圖：岡本春助

人是世襲制，執行處刑所需要的知識與技術，就由父傳子代代相傳。有人試圖自執行人一家的命運中逃脫，從事別的行業。然而，一旦被人得知底細一切就全結束了。客人從此不再上門，最後只能流落街頭。

當時，巴黎的死刑執行人被稱為「巴黎先生」，由桑松家族代代繼承這個任務。桑松家也將醫生當作副業，在遠離城鎮的宅邸設置了診療室、候診室、實驗室等設施。由於醫術高明，所以也經常有貴族前來看病。這也難怪，做為死刑執行人，必須具備醫學知識，加上允許對遺體進行解剖，因此相當熟知人體的構造。此外，據說桑松家對富人會收取適當的治療費，但對於貧民則是分文不取。

延續六代的桑松家歷史，最有名的是被稱為「大桑松」的第四代傳人，夏爾－亨利．桑松（Charles-Henri Sanson）。他生活的時代適逢法國大革命，甚至親手執行路易十六的死刑，實可謂命途多舛。

夏爾－亨利．桑松第一次站上死刑臺是在十六歲的

桑松家的族譜

第一代

夏爾－桑松．德．隆瓦爾（1635－1707年）

第二代

夏爾．桑松（1681－1726年）

第三代

夏爾－尚．巴提．桑松（1719－1726年）

第四代

夏爾－亨利．桑松（1739－1806年）

第五代

亨利．桑松（1769－1840年）

第六代

亨利．格雷曼．桑松（1799－1889年）

時候。當時父親尚・巴提・桑松（Charles John Baptiste Sanson）中風倒下，由夏爾－亨利・桑松繼承衣缽。罪犯是一名與情夫共謀殺害親夫的女性，宣告的處刑方式是絞首刑。夏爾－亨利・桑松失敗了幾次，最後好不容易才成功將這名女性送上西天。然而，一直要到兩年後，他真正才接受到所謂的「洗禮」。

一七五七年，他擔任叔父加百列・桑松（Nicolas-Charles-Gabriel Sanson）的助手，協助處決暗殺路易十五失敗遭到逮捕的達密安，他被判處死刑中最嚴重的車裂刑（四馬分屍）。聚集在處刑地點格列夫廣場的龐大觀眾面前，達密安的身體被燒得赤紅的鐵棒壓住，並將燒熔的鉛液澆注其上。當達密安被整得奄奄一息之際，才開始執行車裂刑。他的四肢分別以繩索綁在四匹馬身上，接著命令馬匹同時朝四個方向奔馳。然而，馬兒不是起步不一致，就是摔倒，一直無法順利執行。達密安的手腳關節因被拉伸到極限，看起來長得嚇人。最後是用匕首將強韌的肌腱割斷，才

夏爾－亨利・桑松生平年表

1739年	做為尚巴提的兒子來到人世。
1754年	因父親腦中風而半身不遂，十五歲繼承死刑執行人的職務。
1755年	執行凱薩琳・雷康帕的絞刑。此為夏爾－亨利首次執行任務。
1757年	犯下路易十五暗殺未遂事件的達密安遭判處車裂刑。執行處刑責任者是叔父加百列・桑松，夏爾－亨利則為其見證人。
1765年	與農家女瑪麗－安妮・朱傑（Marie-Anne Jugier）結婚。
1778年	由路易十六頒授正式的死刑執行人敘任狀。
1789年	因未收到薪水而提出控訴，謁見路易十六。
1792年	第一次以斷頭臺執行死刑。
1793年	在革命廣場執行路易十六的死刑，由夏爾－亨利擔任死刑執行人。
1795年	將死刑執行人的職務讓予兒子。
1806年	夏爾－亨利死去。遺體安葬於蒙馬特公墓的桑松家族墳墓。

得以成功撕裂四肢，但此時已經耗費了四個小時。負責執行這場駭人聽聞處刑的加百列・桑松，當天即宣布辭去死刑執行人的職務。此外，達密安的處刑也成為在法國執行的最後一場車裂刑。

二十一年後，夏爾－亨利・桑松因父親去世而正式被任命為死刑執行人，一生中執行了兩千人以上的死刑。對他而言，必須親手執行敬愛的路易十六（Louis XVI）的死刑，實在是一場難以接受的噩夢。一七九三年一月，夏爾－亨利徹夜未眠迎接國王處刑之日的到來，將斷頭臺冷冽的刀鋒落在一國之主的頸上。一直到行刑的最後一刻，他都期待會有人出手援救國王的性命，然而這個夢想終究無法實現。

夏爾－亨利在法國大革命之後仍舊繼續擔任死刑執行人這個職務，但他從未肯定過死刑這個制度。將路易十六首級砍下的斷頭臺，雖然是將死刑以更有效率且更為人道的方式執行的革新發明，但同時也產生大量罪犯因此被送上死刑臺的矛盾。此外，決定斷頭

一七九二年繪製的斷頭臺設計圖。經過以屍體進行的人體實驗，最後斷頭臺決定採用傾斜的刀刃。

臺採用傾斜刀刃的人，正是路易十六本人，這實在是件是相當諷刺的事。

夏爾－亨利所期盼的廢除死刑制度，在法國一直到他離世近兩個世紀後才得以實現。其他國家至今仍然延續死刑的執行。但只要想像他所體會過的痛苦，以及他所目睹過的悲慘景象，在在都讓人思考死刑的意義究竟何在。

一七九三年在革命廣場上，執行路易十六的斷頭刑。
在眾多兵士與多達十萬人以上的觀眾圍繞下，國王表情平靜地步上處刑臺。
資料來源：amana images

第二章

折磨身心的痛苦

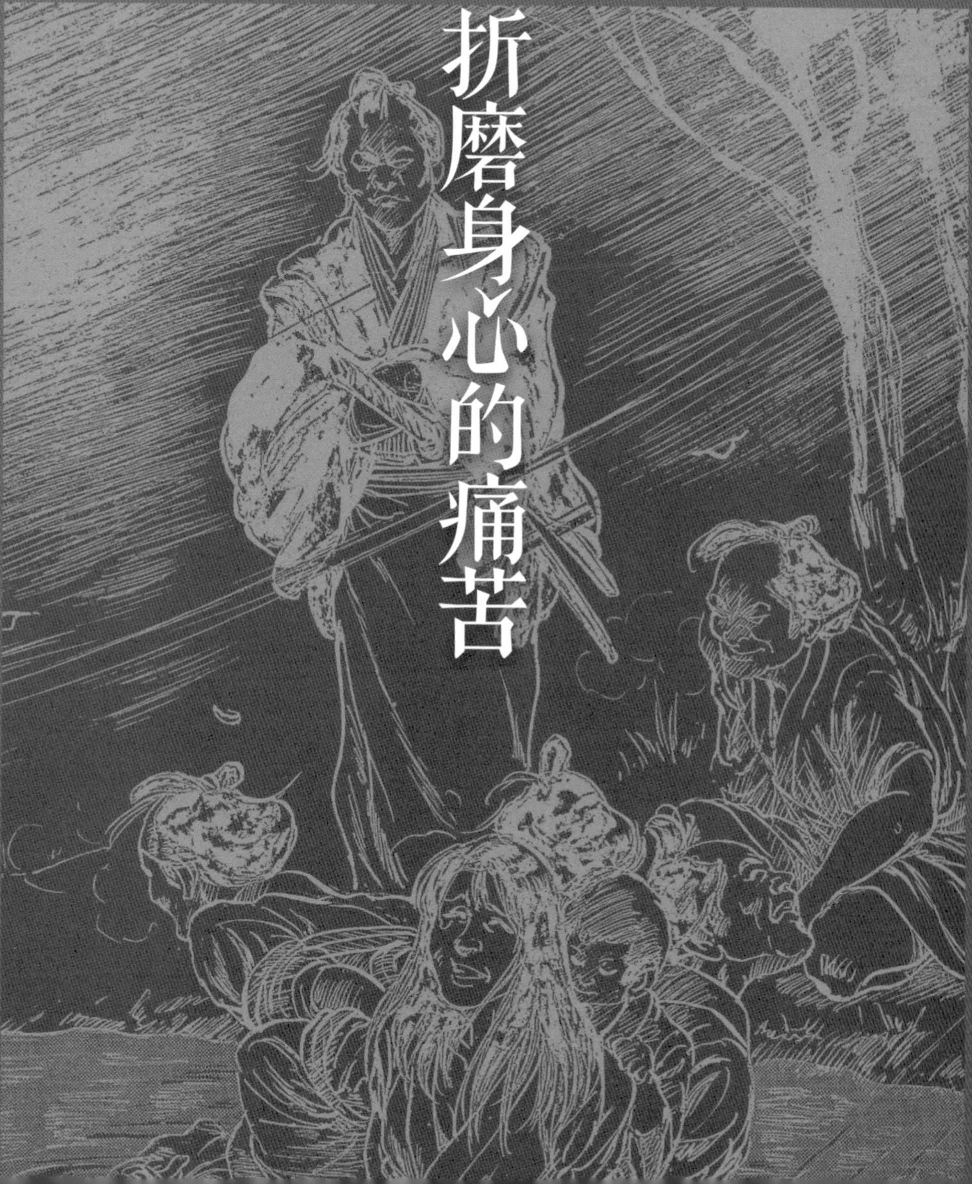

折磨身心的痛苦

瀕臨死亡仍深受恐懼俘虜

將手伸入煮沸的鍋中，考驗有無犯罪的神明裁判。不管怎麼害怕，都不允許抗拒。

自口中嘶喊而出

先人們對於傷害、破壞人體已經無法得到滿足，就連心靈也要試圖給予折磨。

以拷問而言，就算不使用誇張的工具，也有許多能夠打擊身心的方法。只要將一根尖針插入指甲，威脅「再不招就把指甲拔掉」，在劇痛及恐懼下，意志力弱的嫌疑犯可能就會招供了。將工具換成鞭子、棍棒、釘子，也有相同的效果。

日本江戶時期執行的水牢，對於動搖嫌疑犯的精神狀態而言，效果極佳。因為接受刑求的不是當事者本人，而是將他的家人打入水牢，浸泡在水中。親眼看著因

肉體與心靈的痛苦化為慘叫

深受劇痛折磨的同時，想像等待在前方的地獄而全身發抖。至此，受刑人已經完全成為恐懼的俘虜。

插圖：岡本春助

折磨痛苦地哭喊慘叫的妻子兒女，除非是極為冷血的人，否則應該都願意認罪了。

就算是已經註定了最終命運的死刑犯，也不會輕易讓其斃命，有很多刑罰是折磨受刑人到生命的最後一刻才肯罷休。把人活生生放在鐵網或鐵板上炙烤，或是等到滿潮時，受刑人的臉部才會浸入水中的海潮拷問等，都是其中的代表典型。

不如直接殺了我，還比較痛快……受刑人愈是求死不得，行刑人愈是感到滿足。說穿了，所謂上天的懲罰、正義等話語，內涵其實代表著行刑人的滿足感吧。不只是身體，心靈也因為恐懼而被逼入極限。正因為實際的成效絕佳，這些方法才會自遠古流傳到現代。所以，部分諸如此類的刑罰，直到現在尚在特定的國家或地區根深柢固的保留下來。

穿刺刑

以巨大的異物刺穿破壞身體

據說「穿刺刑」是古羅馬人的最愛。然而，不僅限於歐洲地區，自古就有許多國家或地區執行過穿刺刑，其目的是要喚起畏懼心理。

巨大的木棍刺穿受刑人的身體，受刑人因痛苦與恐懼而睜大眼睛，以猙獰的表情朝向天空……「膽敢違逆者，下一個就是你」，民眾目睹穿刺而死的屍體，想必都接收到這樣的訊息。這就是當權者想要營造的氣氛。於是，便更加處心積慮鑽研，如何以更殘虐無道的方式來折磨罪犯。

處刑的流程與穿刺的方法雖然各有不同，但最有名的要屬流傳自古埃及的方式。

公開拷問之後，將決定要行刑的罪犯衣服全部脫去。接著在生殖器與直腸之間割開一個切口，由此處將前端圓滑的堅固木樁插入體內。木樁圓滑的前端可以不傷及內臟，緩緩向上推壓直到嘴巴附近。像這樣將罪犯活活刺穿後，再將木樁立起，固定在刑場示眾。罪犯會

十七世紀的版畫。以木棍由臀部穿刺到口部，是最常看到的方式。

因受自身重量的壓迫而痛苦不已，據說時間長的話，可以存活長達數日。

一提到熱愛穿刺刑並大量執行的當權者，就不能不舉出吸血鬼德古拉（Dracula）的原型，人稱「穿刺公」的瓦拉幾亞（Wallachia）親王，弗拉德三世・采佩什（Vlad the Impaler）。

弗拉德三世親王為了建立自己至高無上的地位，將原本只適用於農民犯下重罪的穿刺刑，也運用在貴族身上進行整肅。異教徒鄂圖曼帝國的士兵，對他而言是最好不過的獵物。根據傳說，他將鄂圖曼帝國士兵的俘虜以木樁穿刺後，沿路整排立在城外的街道示眾。這個殘虐的舉動，足以令勇猛聞名的鄂圖曼帝國士兵心生恐懼，而喪失戰意。

整排穿刺的敵兵行列，讓弗拉德三世親王聞名於世。他喜歡一邊欣賞自己親手下令的殘虐行為成果，一邊享受食物的低級嗜好，也同樣令人驚駭。

針刺刑

以銳利的金屬物毀損身體

從西元前直到現今，以尖針或釘子之類銳利物品刺入人體，施予苦痛的刑罰仍然存在。

這種拷問方式的優點，是很容易就能調整痛苦的程度。如果將尖針刺入指甲縫隙，雖會造成生不如死的痛苦，但不會損及性命。如果施刑在臉部，不只身體上的痛楚，還能造成精神上的恐懼。此外，施刑在腹部時，依程度也能造成足以奪去性命的致命傷。也許正因為如此，此刑在世界各地被廣泛地使用於拷問或處刑上。

中國在秦朝時，曾經執行過將罪犯推落長滿荊棘洞穴的刑罰。而日本在平安時代，傳說護王姬因為藏匿牛若丸（日後的源義經），遭到平家逮捕，被以弓矢的箭頭不斷戳刺折磨，最後死在獄中。

另一方面，在歐洲則衍生出各式各樣針刺刑的器具。

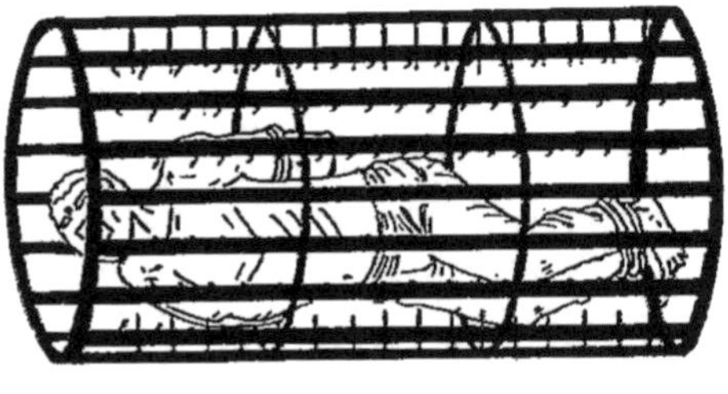

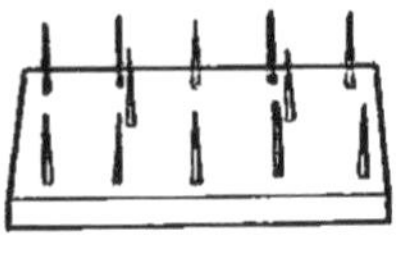

舊日本軍使用的拷問工具。構造設計本身酷似古羅馬時期的木桶。

據稱為搖籃的原型，內側釘滿尖刺或釘子的木桶將受刑人整個人塞入桶內，翻滾或拉行木桶，馬上就會體無完膚。

有一種布滿無數尖針，專門用來毆打、稱為「帕德瓦爾」的拍打板，還有用來穿刺耳鼻的長針。但這些還算是溫和的手段。為了要更盛大舉行，還發明了將釘滿尖針的木板貼在滾輪上，然後強迫嫌疑犯在上面打滾的裝置「野兔子」，或是命令罪犯坐在內側釘滿無數鐵針的船上，再加以搖晃的「搖籃」等器具。其原型是誕生於西元前古羅馬時期，一種在木桶內側釘上尖針或釘子的器具。被迦太基俘虜的羅馬將軍雷古魯斯（Marcus Atilius Regulus），據說也是命喪於這種木桶。將整個人塞入木桶後推倒滾動，或直接丟下懸崖，最後的結果就是成為血肉模糊的肉塊。

此外，也有不是以摧殘人體為目的，而是藉由疼痛來限制行動的刑具。例如，內側布滿尖針的「頸環」，就可以進行讓被套上刑具的人只能保持固定不動姿勢的拷問。外觀看起來雖然不醒目，但據說效果卻出乎意料的好。

去指甲刑

伴隨劇烈疼痛，活生生拔下指甲

相信每個人都有過指甲扣住某處，或是因某些原因導致指甲剝落時，產生劇痛的經驗。由這個疼痛經驗而衍生出來的拷問，自遠古時代就已存在。日本神話中受到拔髮刑的神祇須佐之男，其雙手雙腳的指甲也被拔除。即使是凶惡的神祇，被處以這樣的刑罰，想必也會冷汗直流。

傷害指甲的方法，大致上可分為兩種：其一是將指甲整個拔除，另一種則是以尖針等異物插入指甲縫施予痛楚的方法。前者雖然可以帶來劇痛，但其效果只有一瞬間，主要是用於刑罰目的。而後者只要不破壞身體組織，就能持續施加痛苦，大多用於慢慢刑求拷問的情形。

舊蘇聯的祕密警察在一九三〇年代，為了要減少審訊中誤殺的件數，將刑求方式變更為以鉗子將指甲拔除的「人道」方法。

在一九五〇年代興起的阿爾及利亞戰爭，當時的隨軍記者留下法國軍官曾對阿爾及利亞俘虜施行以尖針刺入手、腳指甲縫拷問的證詞。這場拷問長達三個小時，俘虜的表情因痛苦而扭曲，手腳都沾滿了紅黑色的血液。

另外，在斯里蘭卡曾有人目擊對坦米爾族囚犯執行的拷問。先以尖針刺入囚犯指甲縫，再用針筒將刺激強烈的藥物注入指甲內側。

一九四八年的「濟州四三事件」，留有韓國政府軍對於涉嫌協助游擊隊而遭逮捕的當地村民，將燒紅的鐵針刺入其指甲縫進行拷問的記載。

不需要特別的工具就能進行有效刑求的去指甲刑，因其拷問效率之高，到現在仍被頻繁使用。

這種事雖然聽來不舒服，但此刑在戰場上似乎有特別受重用的傾向。

在人體構造中，指甲是對疼痛較敏感的部位。
光是想像要以尖針刺入，或是用器具拔除這樣的敏感部位，就教人不寒而慄。

插圖：太井ハルミ

錐刺刑

尖銳的錐子如鑽頭般深入骨肉

以刑罰為目的時，雖然尖針已經能發揮相當的威力，但使用足以將木頭鑽出孔洞的利錐進行拷問，更是殘酷無比。只要使用過利錐的人都知道，這是一種從握柄向前端逐漸變得尖銳的鐵製工具。只要旋轉握柄，就算稍硬的物體也會被鑽出孔洞，橫切面大多呈現三角形或四角形。將這支錐子筆直插入呈跪坐姿勢的嫌疑犯膝部，然後再一邊旋轉一邊向內刺入。

嫌疑犯的皮膚馬上就會裂開，膝部噴出鮮血。伴隨鑽肉摩擦聲響而扭結的血肉，其痛苦非比尋常。不過，這還只是剛開始。當利錐鑽到骨頭時，和剛才所承受的尖銳疼痛不同，此刻轉變成如同重擊身體深處的悶痛感。只要嫌疑犯不肯認罪，利錐就會一處接著一處地鑽入體內。

記錄日本室町時代永亨之亂的戰記《結城戰場物語》書中記載，結城城被攻破後逮捕到足利春王的乳母，將她由當時的茨城押解到京都後，施以此刑。將利錐粗暴鑽入歷經長途旅程而消瘦的女性軀體的情景，想必非常壯烈。當時的殘酷程度，原文以「目不忍睹」來形容，可見情況極為悲慘，令人不忍觀看。

雖然日本自古以來即將錐子視為重要的工具，然而類似以利錐行刑的拷問，卻不見於其他國家，或許他們是以針釘之類尖端與利錐相似的銳利物品，做為替代使用吧。

這種拷問方式僅局限於小區域，在特定的時代進行而已。

利錐的尖端，一邊旋轉一邊刺入身軀。終於鑽到骨頭，就算嫌疑犯痛苦哀號，只要不肯自白，刑求的痛苦就沒有結束之時。

插圖：星恵美子

打釘刑

土方歲三對可疑分子施行的殘酷拷問

聽到五寸釘，可能會聯想到這是日本詛咒儀式「丑時參拜」使用的物品，卻有個人將其做為拷問工具。他就是幕末時代，京都新選組（新撰組）副局長、天然理心流（日本劍術流派之一）高手，土方歲三。

土方歲三執行這種打釘刑是在一八六四年的六月。當時新選組為了防範企圖打倒幕府的激進派浪士的恐怖攻擊於未然，積極從事諜報活動。追捕到一可疑分子，也就是化名為炭薪商人桝屋喜右衛門的古高俊太郎。由於在古高家中搜出武器與密函，土方等人決定對他施以嚴刑拷打。先是將古高從倉庫的二樓往下倒吊，鞭打腳部，但古高堅持不招。於是土方將五寸釘打進他的腳掌，在貫穿腳底的釘子上放置百目蠟燭後點燃。灼熱的蠟油滴在由長約十五公分釘子貫穿腳掌的傷口上，再堅忍的人也難以承受這樣的痛苦。古高忍受不住，便將激進派浪士的逆謀計畫全招出。這場拷問的情景，全記錄在《新撰組顛末記》一書中。

新選組自古高取得重要情報後，殺入激進派浪士聚集的池田屋，展開歷時約一個半小時的激烈戰鬥。此即所謂的「池田屋事件」，新選組雖然失去了三名隊士，但也成功殺害與逮捕了三十四名浪士。

使用釘子的拷問，雖然原始但效果良好，因此進入二十世紀仍有執行的記載。法國軍隊的駐地發生有人在官兵伙食中摻入鴉片的事件，當時對嫌疑犯即施以用釘子插入指甲縫的拷問。這場單獨針對敏感部位進行的拷問，所造成的痛苦也許比土方當年的拷問更大，也說不定。

放置在五寸釘上的百目蠟燭重量約三百七十五公克。
順著釘身流下來的蠟油，想必讓嫌疑犯的痛苦倍增。

插圖：岡本春助

吞釘刑

世上罕見的體內拷問方式

拷問的手段，大致可分為從外部傷害軀體、由內在折磨精神，或是兩者兼備。例外的是，也有少數從「內部」傷害軀體的手段存在。其中一種的執行時間是在距離現代不遠的一九七七年，地點是伊拉克。一名因為涉嫌援助庫德族而被逮捕的男子，遭受強迫吞下釘子的拷問。釘子造成胃壁受傷，男子一面受苦一面吐血，最後終於付出性命做為償罪的代價。

將釘子釘在物體上做為拷問工具使用，或是將釘子直接刺入皮膚的拷問並不稀奇，但由體內造成痛苦的拷問方式卻是前所未見。除了口腔受傷會影響說話能力之外，胃部受損後也有可能無法再消化食物。發生在伊拉克的案例，是一場以處決為前提的拷問，自然就沒有上述考量而需要手下留情了。

相對於嫌疑犯或罪犯被迫吞下釘子的案例，泰國有一名男子是自己吞下釘子。男子為了抗議妻子不准他參加一年一度的祭典，而做出這樣的蠢事。吞下的四根釘子中，有三根自然排出，一根殘留在大腸內，只好動手術取出。雖然這是當事人自願的行為，但萬一喉嚨或胃部被刺破，就無法只當作笑話來看了。

視釘子的尺寸而定，如果小心地吞下數根小釘子，也許能夠在不傷及喉嚨或內臟的情形下排出體外。但如果是吞下數十根釘子，則會刺傷口腔、喉嚨、食道、胃部等柔軟的黏膜組織，吞釘的人恐怕會因為劇烈疼痛而滿地打滾吧。釘子是日常生活中常見的物品，很難說如同伊拉克發生的拷問日後不會再次出現。

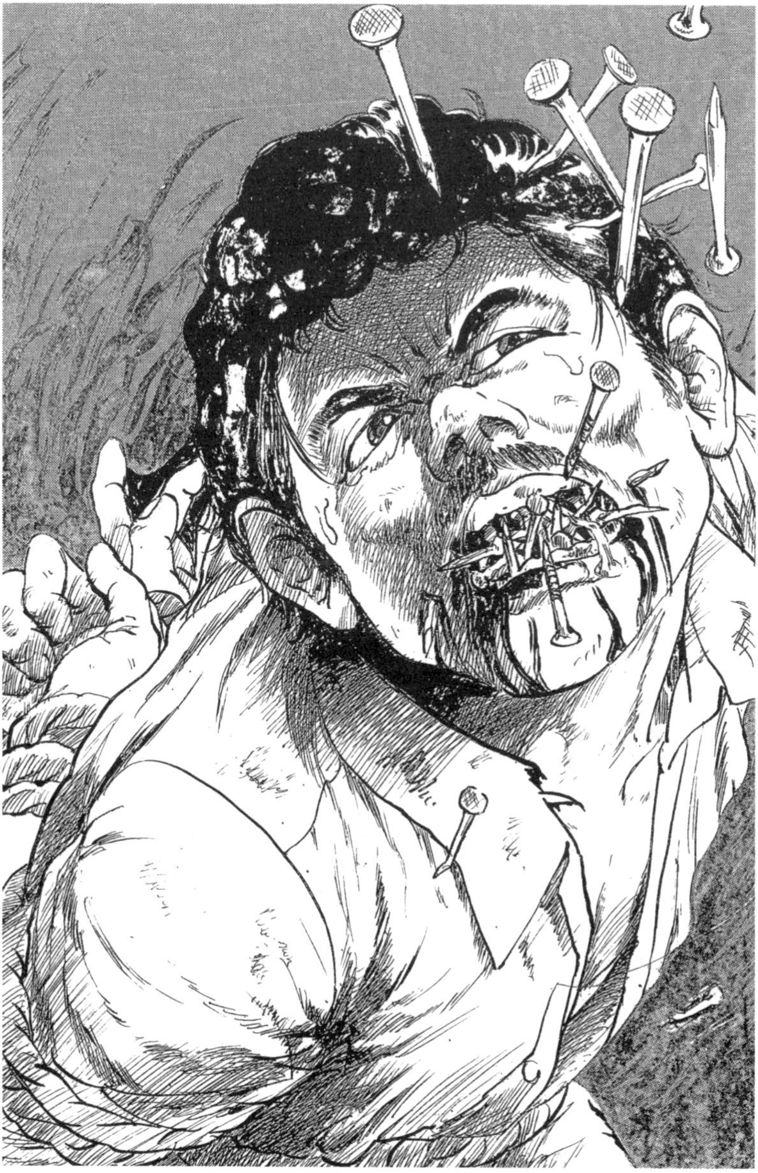

塞入口中的釘子會傷害喉嚨，就連胃部黏膜都被刺穿。
萬一刺傷的部位惡化，甚至可能讓人喪命。

插圖：岡本春助

十字架刑

廣泛施行於古今中外的示眾刑

十字架刑（日本稱為磔刑），是將罪犯釘在垂直立於地面的木柱上，然後再以長槍刺死的處決方式。架於木柱上的橫木可以組成十字、Y字、X字等不同形式，但就基本構造來說，不管歐洲或東洋都沒有太大的差異。

提到此刑的犧牲者，最著名的人物就是在拿撒勒殞命的耶穌基督。這位聖人親自扛著即將用來處決自己的十字架橫木，穿梭在眾多圍觀群眾之間，一步一步邁向處刑場各各他山（加略山）。

日本在鎌倉時代，留有源賴朝將殺父仇人長田忠致、景宗父子處以十字架刑的記載。賴朝將該對父子以竹竿綁成大字形，直接釘在鋪於地面的木板上，然後再將肉刮至見骨，折磨至死。最後把屍體棄置示眾，可見其恨意之深。

江戶時代見到的十字架刑罰，是在戰國時代確立下來的。據說，最初是織田信長自耶穌會傳教士聽聞耶穌受難的故事時，對其處決效率感到欣賞而開始採用十字架刑。

經過豐臣秀吉時代，來到江戶時代後，十字架刑已經成為一般的處決方式，在江戶地區也可見到對平民執行的十字架刑。

令人感到諷刺的是，十字架刑也大量做為迫害基督徒的手段使用。一五九七年秀吉下令處死外國人傳教士及日本人信徒，殉教者生命化做十字架刑臺上的露水，消失於人世的人數高達二十六人。

進入江戶時代後，十字架刑依男女不同而有不一樣的執行方法。規定男性需拉開雙手雙腳，綁在類似十字形架上，而女性則是雙腳併攏綁在十字形架上。

何時固定這樣的形式並無定說，但就算是受刑人仍須拘謹於形式的思維，非常符合日本人的觀念。

日本明治時期早期在橫濱執行的十字架刑。
二十五歲僕人因謀殺雇主兒子，而被判處此刑罰。

水刑

只要一杯水就能將人逼入絕境

水是人類生存不可或缺之物。同時，人們自太古時代即知道，水有時亦是威脅生命之物，並由此而衍生出「水刑」這種拷問方式。

水刑的方式雖然有很多種類，但根據共通性基本上可以統整為兩大類。

第一大類是使其飲水至極限的灌水刑。在歐洲的做法：先讓嫌疑犯躺在臺子上，口中塞入漏斗，將鼻孔摀住。在這樣的狀態下，將水注入漏斗，嫌疑犯就算不願意也得將水喝下肚。當腹部膨脹至極限後，開始壓迫腹部，這次換成強迫嫌疑犯吐出肚裡的水。喝下大量的水已經很痛苦，再將水吐出的痛苦更甚其上，就連要呼吸都很困難，此時的嫌疑犯也只剩下半條命。

另一方面，在日本採取的方式，是將嫌疑犯綁在梯子上強迫灌水，等喝到極限後，再將梯子倒轉，讓嫌疑犯頭下腳上地吐水。據說，像這樣反覆執行數次，最後有時甚至會吐出血來。

另外一種則是將嫌疑犯倒吊在井或池子上方，反覆上拉、下放的拷問方式。血液逆流至頭部的痛苦、溺水的痛苦交相而來，可說是嚴重打擊嫌疑犯精神狀態的殘酷拷問方式。或許是效果太好的關係，各國的祕密警察等組織，到現在還有進行這樣的拷問。

這種方式的好處是，執行拷問的人可以自由調整施加痛苦的程度。就算沒有大型的水池，只要有足夠浸泡臉部的水深，就連洗臉盆或是浴缸也能輕易執行此刑。

此外，視情形與手法，也能夠布置成意外，悄悄地犯下殺人案件。傳聞中此刑之所以受到祕密警察愛用，理由就在這裡吧。

與水相關的不明死亡案件當中，說不定有些就是受到此刑拷問至死的犧牲者。

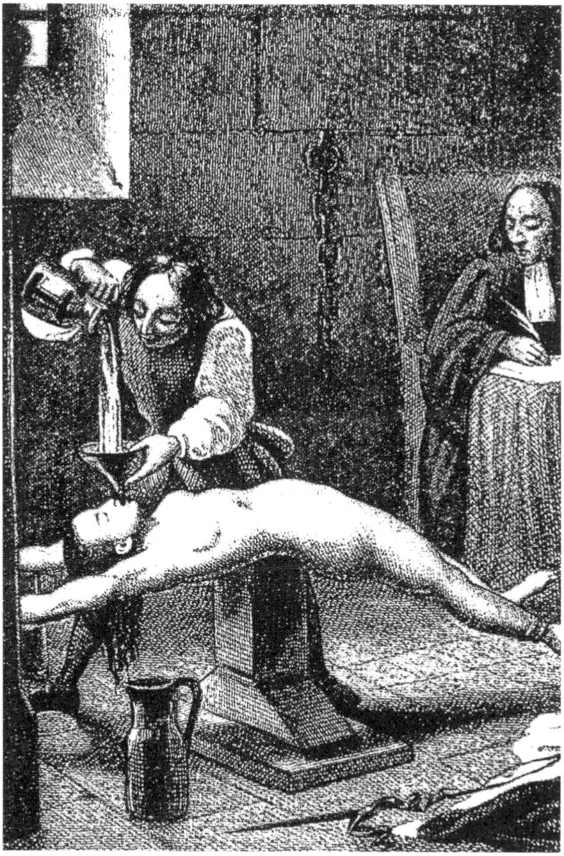

強迫灌水入肚，當腹部膨脹到極限後，再讓其吐出。
不管是喝水或吐水，對受刑人來說都是地獄。

海水刑

每次滿潮都要做好迎接死亡的覺悟

「海水刑」是一種比較特別的水刑，利用的是海潮漲退，也就是不假人手的水刑。基本方式是在海水退潮時，將罪犯頭下腳上地綁在立於水中的柱子上，並調整至漲潮時頭部會浸泡在海水中的高度。只要這麼放置不管，等潮水漲起，罪犯就會被溺死。

與其他水刑不同處，在於幾乎不會有行刑人陪在身邊。就算有，也頂多是為了監視受刑人不會與其他人接觸罷了。綜上所述，海潮刑與其說是拷問，倒不如說是處決意味較強的刑罰。

事實上在一六四〇年，江戶幕府於品川近海對天主教徒執行「水磔」的記載中，有高達七十名信徒被浸泡在潮水中處死。據說，信徒們在海中呈現倒立十字架刑的姿勢，滿潮時頭部都浸泡在水中。

名義上雖然是執行到信徒願意改變信仰為止，但其真正意圖，明顯是為了要殺一儆百而執行的死刑。刑場附近七十名信徒的痛苦呻吟晝夜不絕於耳，不久後聲音漸漸減少，到了第八天，所有人都成了面部腫脹的屍骸。溺死者的死狀比任何屍體都還要悽慘。這七十具倒掛在十字架上的溺死屍，即使在當時也是極不尋常的情景吧。

此外，在中亞國家土耳其斯坦（Turkistan）的神話中，也有退潮時將死刑犯的項圈，以鎖鍊繫於釘在水邊木樁上的描述。

看著靜靜地，慢慢進逼的水面，動彈不得的死刑犯當下只能意識到自己的死亡。緩緩上漲的水面，即意味著自己生命剩餘的時間。

遭受恐懼與絕望的折磨，不管怎麼呼救，也絕對不會有援手伸向自己。

水刑有許多殘忍的執行手段，而這種海水刑也不遑多讓，是極為殘酷的刑罰。

日本迫害天主教徒時執行的水磔。
光是倒立的姿勢就已經教人相當痛苦，緩緩上漲的海潮更是雪上加霜。
當死亡到來的那一刻，那幅慘狀讓人不忍心再看第二眼。

以水審判

罪孽深重者上浮，無罪者下沉

中世紀歐洲認為水具有判斷有罪與否的力量，而廣泛運用於審判當中。據說十六世紀遭受火刑的亞伯丁（Aberdeen）女巫，一開始受審也是「以水審判」。

根據傳統，要將女巫的右手拇指與左腳拇趾、左手拇指與右腳拇趾分別綁在一起，然後推入水中，此時大部分人都會因為浮力而自然浮起。以當時的觀念，相信罪孽深重者，特別是女巫，不被神聖的水接受，才會無法沉入水中。根據這樣的理論，受到懷疑的女性陸續被加上女巫的烙印，隨後遭到殺害。

這種審判方式亦稱為「水的神明裁判」，起源可以追溯至四千年前的古代巴比倫尼亞（Babylonia）。著名的《漢摩拉比法典》中有「因使用巫術罪名受制裁者，須投入河中」這樣的記載。如實為冤屈清白之身，上天會使河川不奪其性命。然而，當巴比倫尼亞滅亡，進入亞述（Assyria）帝國極其隆盛的時代，審判的規則變為相反，並且流傳到歐洲文化圈。相信其背景是受到基督教「惡魔拒絕聖水洗禮」的思維影響。像這樣以水做為審判裁罪的方法，特別是做為女巫審判的手段，開始大規模採用。

審判會在眾人面前執行，如此看似公平，但實際上受審者都會被判定為女巫。雖說只要能夠確實沉入水中即可證明無辜，恢復自由之身，但往往並非如此。當手腳自由受限且長時間浸在水中，根本無法呼吸。或許有人能夠僥倖得救，但絕大多數都是動彈不得地在水中喪命，卻也因此澄清了女巫的嫌疑。

如果馬上浮起就要接受處死，沉在水底也幾乎沒有得救的可能。
接受這種審判的人，只有死亡的命運等在前方。

溺死刑

將汙穢不堪的身心沉入水中洗淨

相對於以水審判包含的定罪意涵，「溺死刑」則是自古流傳的處決方式。在日本神話中，提到天神伊邪那岐與伊邪那美的第一個兒子是沒有骨骼的「水蛭子」，因此將其放入蘆葦編成的小船，放流入海。

西方也有西元前時代的古埃及與希臘等地中海周邊地區，執行將罪犯縛於木板上，再裝入木桶放流入大海的刑罰。這是將罪犯的身體交付水波之間，洗淨其罪行與汙穢的宗教角度思維。無論如何，漂流入海者所要面臨的是，不是在船上餓死，就是溺水而死。

更確實致罪犯於死地的方法，就是限制其身體活動，直接丟入水中。在日本有將罪犯以草席包裹成如簑衣蟲的狀態後，投入水中的知名刑罰「簀卷」（用席子捲起）。而遠地歐洲也曾以類似的方法將罪犯沉入水中。

將罪犯雙手雙腳以繩索捆縛，在動彈不得的狀態下溺死。這樣的方法看起來致死率極高，但意外的是，經常會出現倖存者。德國的巴塞爾（Basel）地方，直到十七世紀都還有將在上游被沉入河中的罪犯撈起，只要還有氣息，便施以急救的習慣。如果能夠甦醒過來，就將其視為無罪赦免。這是「由神的旨意證明其無罪」的偶然刑理論。這種習慣直到為了保持法律威嚴，規定罪犯須抱著石臼或重物沉入水中之後才消失。

到了現在，已無任何國家或地區，在官方執行死刑時採用溺死刑。

然而，在反社會組織中仍然在私下執行此刑，亦是眾所周知之事。不過，和過去的情形不同，沉入水中的受刑人如果在過程中僥倖保住性命，不只不會被視為無罪，反而還要再重新執行一次。

基於神話的溺死刑執行情景。
和海水刑相同，受刑人被束縛在滅頂之處，等待不久即將來到的死亡。

水牢

因寒冷及疲勞而身心衰弱的水地獄

將兩手被綁縛的受刑人推入狹窄空間，然後將水注入。只是這樣做，就能夠減弱關入「水牢」受刑人的體力與精神，其刑罰威力可見一般。關鍵在於注入的水量。一般會將水注入至受刑人勉強能夠呼吸的頸部高度，如此可以強迫受刑人保持站立姿勢。就算疲倦不堪，也不允許蹲下或睡眠，因為那會帶來死亡。事實上，只要一打盹，臉部接觸到水面的瞬間，就會因為突然無法呼吸而驚醒過來。

在日本，水牢是經常用來催收年貢的手段。刑罰的對象不是遲交年貢的當事者，而是將其子女或年邁雙親打入牢房。體力衰弱的人受此刑，勢必無法支撐太久。官府將親人做為人質，強迫欠稅者四處奔走籌款以繳足年貢。以加藤清正治世聞名的熊本城下町的公文記載中，就留有這項事實的證據。

歐洲英國也有類似構造的水牢。約十五世紀，位在倫敦的「老鼠窩」，除了上述的殘酷條件，還加上冷冽水溫和惡劣的環境衛生，甚至引發受刑人罹患疾病。更恐怖的是，滿潮時河川水位上漲，飢餓的老鼠會由水路入侵，蹂躪投獄者。無論如何自豪於身心強韌的人，大概只要關進水牢一天，就什麼都招供了。

乍看之下，這種拷問方式似乎比直接傷害身體的拷問來得溫和。然而，一旦得知其背後隱藏的悽慘狀況，就能了解這根本是更加殘忍的酷刑。若是在冬天，在極度的寒冷中體溫急速下降，不只是手腳，全身都會凍得麻痺失去感覺。所謂人間地獄，指的就是這種情況吧。

冬天因為過於寒冷，進入水牢的瞬間體溫便急速流失。

插圖：岡本春助

滴水拷問

滴答、滴答落下的水滴讓身心都崩潰

利用水的刑罰在世界各國都有，但當中最單調無趣，卻又能收到可怕成效的手段，就是「滴水拷問」了。據說滴水拷問的發源地是中國。方式如下：首先是令罪犯平躺後捆綁固定，然後讓水滴一滴、一滴地持續落在罪犯眉間。當然，如此一來罪犯將無法入睡，進而因為失眠導致精神崩潰。

也許是受到這種拷問方式的影響，還延伸出將罪犯關入柵欄，再將水滴不斷地滴在頭部或皮膚上的拷問方式。用這種方式拷問罪犯有時可長達一年以上，水滴滴落的位置甚至已滴穿成孔洞，實在殘忍。小小的水滴，累積起來的傷害卻是難以估計的。可怕的是，有時甚至會貫穿肌肉，連內臟都會遭到破壞。

要瞄準哪個部位、持續滴多久的水滴，視執行拷問的目的不同，可以調整嫌疑犯或罪犯被摧殘的程度，也是此方式的優點之一。雖然以固定頻率滴落水滴的痛苦程度令人難以想像，但其效果卻是絕對的。據說，近距離觀看過這種拷問後的嫌疑犯，全部都會招認罪行，自願站上死刑臺。

這種不需要使用誇張工具，也不需要挑選場地的滴水拷問，柬埔寨的反政府組職紅色高棉也曾使用。該組織使用的拷問方式，是在囚犯頭上吊著一個裝滿水、穿了一個小洞的桶子，讓水滴不停地滴在囚犯頭上。和前舉案例相同，對頭部不停歇的微小刺激，會讓囚犯無法獲得休息，到最後精神狀態自然也會瀕臨崩潰。紅色高棉雖然以慘絕人寰的殺戮行為而惡名昭彰，但對於精神上的折磨似乎也相當有辦法。

長時間滴落的水滴，將人體貫穿成如鐘乳洞般，就連精神也受到侵蝕。

插圖：岡本春助

火刑、火罪

以熊熊火焰將所有罪孽燒盡

能夠燃燒各種物體的火焰，在世界各地被視為神聖的象徵，能夠同時將汙穢與罪孽燒盡。

「火刑」，據說是將犯罪者的肉體與靈魂，以火所擁有的神聖力量加以淨化，使其消滅於這個世上的儀式發展而來。日本亦是自古以來便有火刑存在。殺害父母或是贗造金幣等重大犯罪都適用火刑，同時自中世紀以後，再加上放火罪。其中一個很大的理由，是因為個人開始將財產存放於自宅。

初期的火刑，是將罪犯綁在一根柱子上，然後在其周圍放火這樣的簡單方法。隨著時代的演進，火刑的準備與形式愈來愈大費周章。到了江戶時代，先在罪犯周圍布滿柴火，然後在罪犯身上覆蓋以稻草或麥稈做成的草席，再進行點火，成為火刑的固定形式。那個樣子看起來就像是在火燒一隻巨大蓑衣蟲似的。

在歐洲，火刑也被頻繁執行。因為與基督教結合的關係，特別是做為宗教裁判官愛用的處死方式，而廣為人知。人稱奧爾良少女的聖女貞德，也是受到宗教裁判後，被施以火刑而殞命。當時還特別為貞德打造一座由石塊組成的特製高臺，將她固定在臺上。火刑使用的柴薪幾乎將高臺與貞德都覆蓋住，這是當時的英王貝德福德親王特地做此安排，好讓遠處也能看見火刑執行。

火刑時的燃燒情景壯烈無比，但據說受刑人受到的灼燒痛苦其實並不久，因為大部分都會先因大量生成的濃煙窒息而死。到了近世，為了減輕受刑人痛苦，先由劊子手使其斷氣再火燒的情形也逐漸增加。

被綁在火刑柱上的聖女貞德，火焰開始往上竄燒。

鐵板燒

抹上油，烤得焦香的炙烤人肉

由料理方法研發出來的死刑方法，並非只有鐵網烤肉而已。將身體抹上油後放置於平坦容器──如平底鍋般器具進行燒烤，所謂「鐵板燒」的處死方法，在日本或海外諸國都留有記載。

西元前統治廣大領土的塞琉古帝國國王安條克一世，為了要徹底消滅馬加比家族，將他的母親與兒子們處以車刑或剝皮、拔舌刑，極盡凌虐之能事。最後丟進平底鍋或煮沸的鍋中，這才得以魂歸西天。

在西班牙的宗教裁判所文獻中，也可見到將異端者處以鐵板燒刑的記載。受刑人被胡亂抹上豬油，然後丟入附有火爐的鍋中慢慢炙烤。

如果鐵網烤刑可比喻為烤肉，那麼鐵板燒就可以被稱為炙烤人肉了。只要有平底鍋、油或豬油、硫磺等工具及材料，任何地方都可以執行此刑。

將罪孽深重者以火懲罰這點雖與火刑相同，但這種充滿惡劣樂趣的「人肉料理」，實在感覺不出絲毫神聖。

不讓西洋專美於前，日本也曾執行過類似鐵板燒的刑罰。室町時代，日蓮宗的僧侶日奧，就曾接受過以燒熱的鐵鍬或鍋子折磨的拷問。十七世紀的迫害天主教行動中，長崎奉行竹中采女實施過「炭火拷問」。這是強迫受拷問者坐在燒紅的炭上，一邊忍受足以使人暈厥過去的痛苦，一邊還得聞到自己腳部燒焦味道的殘酷刑罰。

活生生遭受炙烤的恐怖，只要想像一下原本的料理方法就知道。

犧牲者在灼熱地獄裡燒焦的皮肉沾黏在鐵板上，身體因痛苦而彈跳、扭曲翻動，至死方休。即使是僅以拷問為目的，痛苦的程度也毫不遜色。

對文明社會而言，世上居然存在像這樣野蠻的刑罰，除了吃驚之外，想必也感到非常可怕吧。

在日本、中國及歐洲文化圈等廣泛的區域，
都曾有將活人放在平底鍋或陶器上炙烤的行為。
這是不讓鐵網烤肉專美於前，難以想像出自人手的野蠻刑罰。

熨燙拷問

當日常生活的電器用品變成凶器時

燒灼皮膚的疼痛，具有帶給人們恐懼的效果。因為燙傷而潰爛的肌膚、散出燒焦氣味的肌肉，痛苦會一直持續到傷口癒合為止。使用火及高熱的拷問，自古即有，在中世紀歐洲的神明裁判，更是將其視為方便的手段。在十三世紀的北歐，克努特大帝的妻子愛瑪被懷疑與修道院的主教通姦，為了證明自己的清白，宣誓同意接受考驗。光腳行走在燒得赤紅的九片犁刃上──這就是賦予她的考驗。根據傳說，愛瑪平安無事走過犁刃，腳底完好無傷。

命令受審者走在燒紅的煤炭或鐵板上，或是以烙鐵直接按壓在身體上的方法，後來進化得更為簡單又有效率。來到近代，以高熱拷問的工具開始使用熨斗或香菸。熨斗的表面溫度約兩百度，而香菸的溫度則向上跳至高達八百度左右。只要輕輕按壓在肌膚上，就能輕易讓對方燙傷。

有許多報告指出，法輪功的學員曾受到熨燙拷問，他們說出「衣服被脫掉，直接用熨斗按壓在皮膚上」等證詞。不只是宗教團體，西藏人也曾受到迫害。有一名藏人男子，全身被熨斗或香菸燙得遍體鱗傷，回到自家時已經呈現瀕死狀態。他全身上下都有手掌大小的燙傷痕跡，由於反覆燒灼的關係，肌肉都已經翻開。再加上受到拳打腳踢的暴力對待，身上布滿了黑色的瘀傷。

將熨斗按壓在露出肌膚上的現代化拷問方式，也會利用香菸的蒂頭、融化的塑膠等工具。

插圖：星惠美子

烹刑

泡在大釜中如地獄般的熱水澡

「烹刑」，將罪犯推入煮沸的鍋中，以沸騰滾燙的熱水烹煮的刑罰。

一提到此刑的日本犧牲者，大多數人都會想起安土桃山時代的大盜賊石川五右衛門吧。當時的刑場位在京都三條河的河灘上，五右衛門和母親、兒子、手下等人一同被處以烹刑。所有人都穿上木靴，一開始先以弱火慢煮，待水咕嘟咕嘟地沸騰後，看準時機將油倒入鍋中。

西洋執行烹刑時，主要使用炸油、焦油或是鉛水。如果用的是炸油，就會活生生成為油炸人肉；如果用的是鉛水或錫水，當然連身體都會整個融化。不管哪一種，都是教人不忍直視的情景。

在英國與法國，曾經有過針對偽造金幣，或是企圖毒殺他人這類政治犯，處以烹刑的時代。因為犯下的是重罪，罪犯不會被輕易殺死，而是以滑輪將身體拉上放下，充分折磨過後才終於奪其性命。

即使到了二十世紀，這種刑罰仍未消失。

哥倫比亞大學的赫斯．德卡林德斯教授在多明尼加共和國特魯希略（Rafael Trujillo）政府擔任諮詢委員，之後他將特魯希略惡行的罪證攜帶回母國美國。就任教授一職後，他開始不斷地批判特魯希略。最後導致他被綁架到特魯希略的別邸，慘遭激烈地嚴刑拷打。他被吊在天花板，接著浸入裝滿熱水的桶中……這簡直就是過往歐洲烹刑的翻版。

而在現代，偶爾也會發生有人在浴室放熱水時，因某些原因失去知覺，就這樣被浴缸熱水活活燙死的意外案件。只要想像被烹煮得不成人形的屍體發出惡臭，以及現場的可怕情景，就能得知過去這種刑罰有多麼殘酷。

浸泡在沸騰的油鍋裡，以勺子澆淋熱水的罪犯。
因高熱而造成皮膚潰爛，全身承受著難以想像的痛苦，
不知此刻犯人的心境如何？

盟神探湯

透過熱水將嫌疑犯的審判託予神明裁判

古代日本進行的神明裁判，是一種使用熱水、被稱為「盟神探湯」的裁判法。當訴訟發生，難以判斷有罪無罪時，就會藉由這種裁判來進行判決。嫌疑犯必須先在神明面前發誓清白，然後將手伸入煮至沸騰的鍋中。如果沒有被燙傷，就會被視為善人宣告無罪；如果受嚴重燙傷，就會被視為惡人宣告有罪。獲得神明加持的人，不會受到天罰。這樣的思維模式，與中世紀歐洲用水進行的考驗相通，實際上歐洲也曾執行過以熱水來證明嫌疑犯自身清白的裁判。

但是，將手伸入熱水而不受傷害，是不可能的事。嫌疑犯到底有罪或無罪並不是問題的重點，這是以神之名執行的裁判，重要的是須得到一個「明確的」答案。可以想像大部分的情形，就算是冤案，嫌疑犯也會因為受燙傷而被判有罪，不由分說地處以死刑。

到了近代，這樣的裁判方式，可以以印度鄉下將嫌疑犯推入老虎巢穴的案子為例，此種方法到十九世紀都還在執行。而日本也有所謂「毒審」的裁判方式，嫌疑犯得將手伸入毒蛇鑽動的壺中，如果中毒就是有罪，毫髮無傷即為無罪。這類使用動物的裁判方式不同於盟神探湯，對嫌疑犯而言可說是賭上了性命。萬一被狂怒的老虎撕咬、或是遭毒蛇嚙咬，在確定罪名之前，恐怕就已先丟了小命。是要被判有罪接受處死，或是處死前就先喪命？不管哪個選項，對嫌疑犯而言都是不受歡迎的選擇。

將自己的手伸入煮沸熱水的嫌疑犯。
如果沒有被燙傷，就不用處死，但……

絞刑

生命自無力下垂的軀體漸漸流失

「絞刑」在日本是眾所周知的死刑。早在律令時代，即開始執行這種勒住頸部，使受刑人窒息死亡的處決方法。當時是以兩條繩索勒緊死刑犯頸部的方式行刑，因此正確說來是「勒死刑」而非絞刑。由此之後的死刑轉為以斬罪、火刑等處刑方式為主。

到了明治時代，與過往絞刑所採取的方式不同，導入以「絞柱」行刑的方式，比較接近現代的死刑。死刑犯雙手反綁在背後，站上踏板，然後將連接滑輪與重物的絞繩套在頸部。當踏板移開後，身體就會懸空，然後維持下垂的狀態三分鐘左右。

不過，使用絞柱行刑的死刑犯死狀相當悽慘。鮮血自耳朵、鼻孔不斷流出，舌頭吐出口外下垂。再加上行刑完畢後，還曾有死而復生的案例。於是絞柱退役之後，改採英國發明的「絞罪器」。結構雖然和現在稍微有些不同，但基本構造並沒有改變。

受到女巫指控而處以絞刑的女性。不限於中世紀歐洲，同時將多名受刑人一起吊死的案例經常可見。資料來源：amana images

就這樣，絞刑被規定為日本的正式死刑執行方式。死刑犯以繩索吊住頸部，當踏板抽開的那一瞬間，落下的動能會造成血液無法流通，陷入貧血狀態的腦部停止活動，接下來心臟也停止跳動。保持這種狀態數分鐘後便會腦死，也就是宣告死亡。

這種處決方式也有缺點。當死刑犯身軀落下時，頸部有被扯斷的危險，世界各國都曾有案例傳出。

沙烏地阿拉伯的絞刑方式雖然不至於如此慘烈，但卻相當地詭異。使用塑膠材質繩索，再以吊車將頸部向上吊高，死刑犯在窒息死亡前，還得承受十分鐘左右的痛苦。這彷彿永無止境的十分鐘，用來懺悔所犯罪行似乎有些太長了。

環首死刑

以眼球迸出的悽慘樣貌迎接死亡到來

「環首死刑」與絞刑不易區別，但兩者其實有很大的不同。絞刑是以死刑犯自身的重量來勒住頸部，而環首死刑是利用繩索或鐵環這類「外在力量」來勒住頸部。透過兩者的不同之處來想像上吊自殺和將人勒死殺害的差異，能有較好理解。

誕生於西班牙的絞刑器具「環首架」，讓死刑犯坐在臺座上，再套上鐵製的頸環。構造上這個鐵環可以利用螺旋原理縮緊，慢慢勒住雙手被綁住的死刑犯頸部。初期的環首架使用的是麻繩，然後改為鎖鍊，最後再改為鐵環。愈改愈堅固，終於進化成為足以確實縊死受刑人的工具。

接下來，看看遭到環首死刑處死的犯人會出現何種現象。當死刑執行數分鐘後，死刑犯的身體會開始激烈痙攣，然後全身僵直。接著會出現失禁或射精現象，五分鐘左右即命喪黃泉。但是，出現變化的不只有身體而已。流進頭部的血液無處可去，會讓死刑犯的臉部變得赤紅，並且浮腫脹大。甚至兩顆眼球都可能迸出，由此可以想像當場的悽慘景況。和絞刑相同，面臨死亡時所體驗到的痛苦，都會顯現在臉部表情上。而且，當臉部或頭部出現以上現象時，就算當場停止行刑，腦部也會留下後遺症。可別以為只要留得性命在，就有未來和希望。

痛苦時間比絞刑更長的環首死刑，在西班牙廢除死刑制度後，已經消失無蹤。

藉由重物拉緊套在頸部的繩索，
將死刑犯脖子勒緊的絞柱。導入日本沒多久，
這種處刑器具就消失在日本的死刑史上。

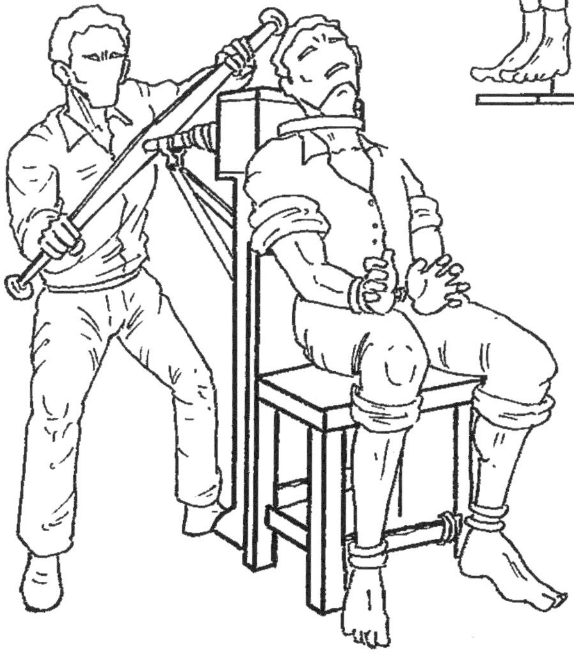

只要螺絲一旋緊，鐵環就會勒住頸部的環首架直到二十世紀後半，
西班牙都還在使用這種刑具執行殘酷的環首死刑。

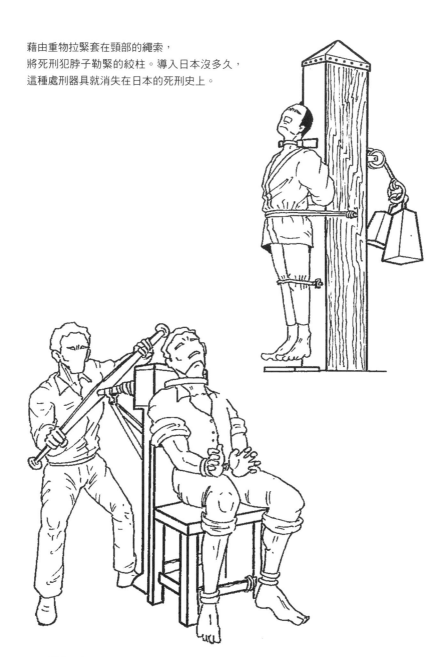

活埋

只露出臉部的罪犯受盡自然界與飢餓的摧殘

如同古代帝王去世埋葬時，有眾多隨從陪葬一般，「活埋」帶有相當濃厚的儀式色彩。埋在建築物一角的「人柱」，也是為了祈求工程順利平安的人身獻祭。但活埋有時也是屠殺的手段。在古代中國，戰敗的四十萬人趙軍俘虜，全部遭到活埋。秦始皇也在歷史上留下活埋眾多儒學者以進行整肅的紀錄。

將人活生生埋入地中的刑罰，在法國、印度、蒙古等許多國家都曾經執行過。十六世紀的蒙古，襲擊商人的強盜會被活埋，除了處罰罪犯本人之外，還有警告企圖強盜者的目的。

活埋的地點不僅限於地面。瑞士過去在處理遭處永隔於社會之外的罪犯時，採取的方法是將其封入牆壁或關入地下室。一般對於活埋的印象是埋在土中只露出頭部，但瑞士的方法顯然不同。

了解到各國執行活埋的方式後，大致可以區分為：做為儀式性的行為、相當於死刑的意涵、以拷問或示眾為目的等三大類。十七世紀的印度，有目擊者留下一名遭處活埋促其反省罪行的女子，連續好幾天都被放置不管的記載。未進食再加上曝曬於強烈陽光下，女子最後喪失性命，終究都沒能獲得赦免。對於體力不佳者或是女性來說，長時間的活埋是很難忍受的折磨。

古老時代的活埋以處死、拷問為目的，不過現代大多專門用於犯罪行為或私刑。挖個洞埋起來這種單純又殘酷的行為，不論哪個時代都存在。

就算有人試圖餵食物給受刑人，因為手腳都被綁住的關係，
犯人也很難接受施捨。

石埋刑

連續不斷投入小石子，直到被埋沒殺死之刑

利用石頭的刑罰在西方世界並不稀奇，自古以來即有對罪犯處以「投石刑」處決的方式。所謂的投石刑，就是群眾分站左右兩排，手持石頭丟擲通過行列中間的受刑人的刑罰。

然而，在日本類似投石刑的刑罰很少見，不過倒是有「石埋刑」的刑罰存在。由中世紀施行至近世的石埋刑，是在地上挖出一坑洞，然後將受刑人丟入坑洞裡，由圍觀群眾不斷丟入小石子，受刑人身旁的小石子愈積愈多，終至全身被覆蓋。受刑人最後會因為小石子的重量與擠壓，而當場斃命。看起來和活埋相當類似，但最大的不同點在於「每個人都是執刑者」。對破壞或擾亂共同生活體秩序者進行處罰時，只要是屬於該共同生活體的所有成員都要負起連帶責任。這是出於「為了保護自己的村莊，所有人都必須弄髒自己的手」的想法，和投石刑的集體處刑概念相同。到了江戶時期，石埋刑的性質出現轉變，除了成為對禁教徒及領民的死刑及拷問手段之外，也帶有示眾警告的目的。後者的情形，可說是另一種形態的示眾刑。石埋刑可說是日本絕無僅有的刑罰。雖說此非值得誇耀的文化，但在歷史上確實是不可忘記的一環。

日本部分地方有在「賽河原」（冥界三途川河岸）堆石塔弔唁死者的風俗，而受刑人被石頭緊緊壓埋的景象，看起來就與此風俗有幾分近似。石埋刑結束後留下的石子山，是否就地成為墳墓，藉以哀悼地底死者的靈魂呢？亦或是，為了將死去的人消除，才使用小石子掩埋呢？

不是身體無法承受石子重量，就是石子已覆蓋住頭部，
都讓受刑人感受到死期已近在眼前。以石埋刑做為處決方式時，
共同生活體的所有人都要手持石子，對破壞秩序者施加制裁。

鞭刑

一般家庭也會施行的鞭打處罰

不論古今中外，以鞭打做為處罰方式或刑罰，普遍存在於一般家庭、學校或監獄等各式各樣的場所。依據鞭子的材質與打法，可以自由調整施予對方的傷害程度。從教訓孩子的輕懲，到刑求頑強不屈男性的拷問，鞭刑適用的範圍十分廣泛。

英、法等歐洲各國，鞭打是與己身密切相關的刑罰，可以說任何地方都有準備鞭子。在德國，使用的則是鐵鍊加上尖刺的鞭子。這種破壞力超群的刑具，主要用於執行拷問或是死刑。

日本江戶時代的「笞打」相當於此刑。這是幕府認可的拷問方式，因此官方的審訊員對嫌疑犯揮打鞭子是常見的情景。執行的方法很簡單，將嫌疑犯雙手反綁，鞭子朝兩肩狠狠抽打即可。受刑人雖然臉上充滿痛苦表情，但這在拷問中已經算是較輕微的手段。

現在的日本將鞭刑視為殘忍的刑罰，而禁止執行。不過，在海外諸國還有許多地區普遍執行此刑。放眼世界，鞭刑還是現在進行式，例如馬來西亞就曾經因為監獄爆滿無法收容受刑人，決定以鞭刑代替入監服刑。

鞭打所能造成的痛苦程度為何不得而知，但犯罪只需要接受輕微的身體刑罰就能了事，實在讓人感到不可思議。

德國十七世紀銅雕，畫面呈現被處以鞭刑的囚犯。

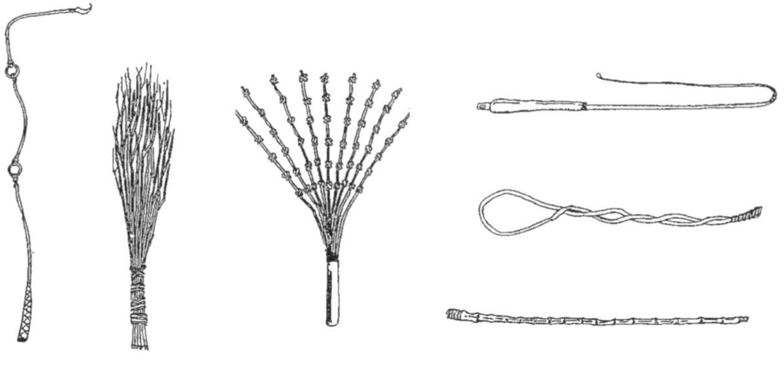

由細枝綑綁成束，或是藤條、鎖鍊……使用的鞭子種類不同，造成的傷害也大為不同。

杖刑

用力打在背上，肋骨與脊椎都會被打斷

以棍棒毆打的刑罰，與鞭刑一樣擁有悠久的歷史。

以日本最早的法律聞名的「養老律令」中，規定有「笞、杖、徒、流、死」等五刑，可見鞭打及棒毆的刑罰早已存在。

以鞭子抽打的「笞」及以棍棒毆打的「杖」，所使用的工具粗細與打的次數不同。

古老的中國有稱為「朴」（打板子）、「杖」的刑罰。區分的方式不是打的次數，而是因做為刑具的棒子材質不同，有不同的名稱。

棍棒毆打對嫌疑犯造成的痛苦相當大，如果用力打在背上，有可能連脊椎都會被打斷。為了不讓受刑人受重傷，執行棒打刑時，一般會集中打在臀部上。

根據幕府末期負責審理裁判的地方官吟味與力（輔佐官）佐久間長敬所著的《拷問實記》中記載，嫌疑犯遭綁縛時就已在哭泣哀號，一棒打下便立刻招供了。以某個角度來說，與其頑抗被打得遍體鱗傷，馬上招供可能也算是聰明的判斷。

真正讓人感受到棒打刑的恐怖，是在納粹德國的集中營之一拉文斯布呂克（Ravensbrück）集中營對待囚犯的方式。

這座集中營關押了至少十二萬名女囚，半數以上都死亡，致死原因就是在集中營裡進行的刑罰。刑罰的內容多種多樣，尤其以棍棒毆打的刑罰最為殘忍，最多甚至重打高達七十五下。像這樣的激烈暴力就算是男人也無法輕鬆承受，更別說是女人了。遭受此刑的女囚，個個幾乎體無完膚，全身是傷地死去。

據說，警棍如果奮力一擊打在頭上，威力足以讓頭蓋骨凹陷。相較於打擊力量集中的棍棒，鞭子的破壞力根本望塵莫及。

嚴寒、炎熱拷問

極度的酷寒與酷暑，嘴巴再緊也會受不了而張開

不需要使用特殊器具，也不需要官差耗費無謂的體力，就能讓嫌疑犯痛苦不堪——那就是利用酷寒、酷暑進行的拷問。與切斷、刺穿、毆打等直接的暴力不同，不僅不會在嫌疑犯身上留下痕跡，還能夠一點一點地削弱對方的體力。對執行拷問方來說極具優點，在現代也是頻繁可見的拷問手段。

暴露在冷風中的拷問，在嚴寒的冬天更能發揮效果。平均氣溫可達冰點以下的西藏，當地政府在拷問囚犯時，會讓囚犯以幾近赤裸的單薄穿著在戶外進行。官員還會潑冷水在已冷得渾身顫抖的囚犯身上，增加其痛苦程度。此外，一九五四年開戰的阿爾及利亞戰爭中，法軍曾經執行將阿爾及利亞人俘虜先推入游泳池，再關入冷藏庫逼供的拷問。

一九七〇年代，當時統治柬埔寨的紅色高棉也執行了慘絕人寰的處決。犧牲者是龍諾政府的官員，或是知識分子的遺族。因為親人之死而掉淚即是犯罪，都必須逮捕。被捕遺族們的手心會以有刺鐵絲如同佛珠般串起綁在木樁上，然後就這樣放置不管。豔陽照射及乾渴、飢餓緩慢地折磨這些人至喪失性命。

如今在西藏所見的拷問方法同樣殘忍。聽說有些關入牢中的西藏人會被雙手綑綁，再整個人綁在灼熱的煙囪上。囚犯連一滴水都無法入口，暴露在灼熱與乾渴中，全身起水泡，只能痛苦地喘息著。

這是將嚴寒與炎熱這些天然工具，發揮到淋漓盡致的拷問手段。人類的殘酷程度實在深不見底。

在冬天僅零下十度的氣溫下進行拷問，囚犯身穿單薄衣物，
或是全裸站立在嚴寒中，體會與死亡相鄰的恐懼滋味。

插圖：星惠美子

專欄 ②

熱愛殘暴的當權者們

公開處死、大屠殺、殘殺骨肉……染滿鮮血的黑歷史

卡利古拉——成天與死刑及女色為伍的暴君

古羅馬暴君第三代皇帝卡利古拉（Caligula），殘虐程度完全不遜色於尼祿。前任皇帝提比略一世的政治風格保守，社會上缺少刺激與娛樂，招致民眾的不滿。不同於提比略一世，年輕的新皇帝卡利古拉推行取悅民眾的政策。過去遭到禁止的格鬥士與罪犯的比試，以及戰車競賽都重新舉辦，另外還實施市民選舉制度、取消營業稅等。雖然造成國家財政困難，但皇帝的支持率瞬間水漲船高。

不過，在卡利古拉生了一場大病之後，與生俱來的嗜虐性格開始顯現。其中之一，就是創設了在圓形競技場進行的鬥獸比賽。讓罪犯與猛獸相鬥的活動頻繁舉辦，如果飼料不

羅馬帝國第三代皇帝卡利古拉。從不缺席在圓形競技場舉辦的活動，私底下更是極為荒淫好色。
資料來源：amana images

足，就隨意抓個罪犯殺了餵食猛獸。像這樣的殘虐性格在平常也可見到，例如邊用餐邊進行拷問；棄置受鞭刑至死的格鬥士屍體不管，直到發出腐臭；以及將企圖叛逆者處以碎屍萬段之刑等。

過度的暴虐終於招致仇恨，卡利古拉在年僅二十八歲的時候，遭到禁衛軍團的士兵們連同家人一起殺害。市街上四處林立的皇帝雕像，也被曾經是他狂熱支持者的市民破壞殆盡。

隋煬帝——陷害兄長而到手的皇帝寶座

煬帝是隋朝開國之君文帝的次子。本來應該由兄長繼承皇位，但因其兄奢侈浪費且好女色，並非適任皇帝之才。於是煬帝令心腹向文帝鼓吹己之賢能，兄之愚昧，終於成功構陷兄長。此即為煬帝暴政之始。

內心充滿猜忌的皇帝，重啟父皇廢除的殘虐刑罰，積極執行鞭笞、車裂、凌遲處死等刑。當心腹之子楊玄感造反被捕，煬帝即下令處以車裂刑，並將其肉賜給官差分食。此

隋煬帝下令執行的刑罰中，車裂尤其殘酷。將罪犯的手腳綁在兩輛馬車上，朝反方向疾駛，將罪犯的身體撕裂。

資料來源：amana images

外，只要有逆謀嫌疑者，連其子孫都一併處以極刑。可見其個性之固執與不近情理。

以血腥與恐懼支配國家的暴君，最後落得遭到部屬殺害的下場。對於失去信任他人能力的孤獨獨裁者來說，也算是恰如其分的結局。

伊凡四世——籠罩整個城鎮的大屠殺風暴

三歲即受封為莫斯科大公的伊凡（Ivan the Terrible），自幼目睹貴族之間的權力鬥爭，養成非常陰鬱的個性。隱藏在內心的殘虐本性，因為愛妻過世的打擊而終於浮上表面。

伊凡愛用鑲鐵的手杖，只要稍不稱心，就以手杖毆打對方，視心情而定，甚至有將對方毆打至死的情形。人稱「伊凡雷帝」，在俄文即「恐怖伊凡」的意思，也是因為他殘忍的性格而得名。

他所施行的暴政當中，最惡名昭彰的是進攻諾夫哥羅德時的大屠殺。伊凡認定位於俄羅斯西北部的要

人稱雷帝眾所畏懼的伊凡四世，在他下令執行的諾夫哥羅德大屠殺中，舉凡強姦、掠奪等，只要想像得到的暴行都發生了。

資料來源：amana images

地城市諾夫哥羅德背叛他改投波蘭，一五六九年開始進軍。隔年攻入城後，將整座城市封鎖得水洩不通，屠殺一般市民到重要人物等六萬人以上。有的人肋骨被燒熱的鉗子硬生生拔出，有的人遭到穿刺，還有的人被鐵樁貫穿身體。四處都能見到可憐的犧牲者曝屍在外，被野狗無情啃咬的悽慘景象。

極盡殘虐之道的伊凡，晚年也對自己的過錯感到後悔。起因是與兒子起衝突後，暴怒的伊凡失手將兒子毆打致死。失去摯愛親人之痛，終於讓暴君恢復身為人應有的良心。

瑪麗女王——隱藏在美貌下的瘋狂

英格蘭的天主教徒女王瑪麗．斯圖亞特（Mary I of England），別名「血腥瑪麗」。這個綽號來自於她對異端者的殘酷整肅，遭瑪麗女王處刑的異端者達三百人以上，其中還包括了女人及幼童。一五五六年遭處決的坎特伯雷大主教湯瑪斯．克蘭默（Thomas

因女巫嫌疑而被放火燒死的女子。對異端者處以火刑是相當常見的刑罰。

Cranmer），雖然一度在同意改宗的文件上簽名，但最後還是恢復英國國教會信仰拒絕改宗。遭受火刑之際，他將自己簽名改宗的右手主動伸進火中，哭喊著「我這隻手犯了過錯」後殉道。

以美貌及殘忍聞名的女王，最後落得悲慘下場。瑪麗因為企圖暗殺伊莉莎白女王而遭逮捕送上斷頭臺，但因無法順利砍落首級，只好用斧頭來回拉鋸將頭顱切下。失去美麗容貌的屍體，還遭到劊子手們姦屍無數次。

對新教徒近乎執著的迫害行為，而被稱為「血腥瑪麗」的瑪麗一世肖像畫。
資料來源：amana images

第三章

喪心病狂與淩辱的刑罰

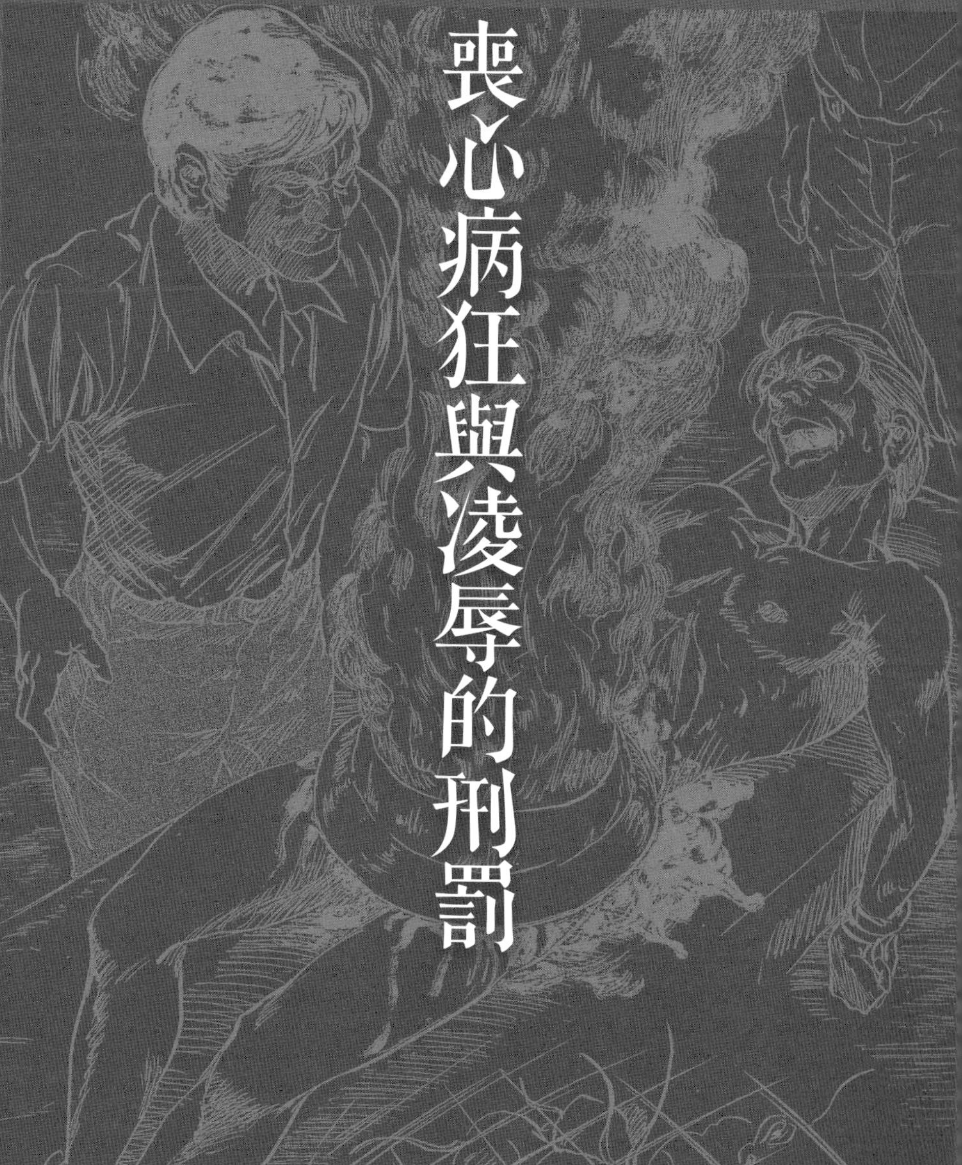

喪心病狂與凌辱的刑罰

遭受踐踏的人性尊嚴

被飢餓的野獸撕咬，扯碎啃食的殘酷處刑方式。受刑人在觀眾的興奮情緒達到頂點時，承受極度羞辱地死去。

當自尊心受損的時候，人會因忿怒而全身顫抖，這個衝擊會化為深刻的傷痕刻印在內心。人之所以能維持人應有的姿態，是因為即使強弱有別，但只要是人都有身為人的自尊。然而，越出常軌的刑罰，不僅打擊人的尊嚴，就連人格都遭剝奪。

例如示眾刑，身上穿戴奇特造形立於街上或坐在眾目睽睽的場所，任人圍觀侮蔑罪犯。在某些時代社會上的名譽被剝奪，可說等於宣判社會性死刑。

更為激烈的手段，還可列舉出以動物來執行制裁的刑罰。過去在羅馬，就曾經有任由受刑人遭動物啃食，或是與動物一起裝袋投入水中的刑罰。至此已不將受刑人視為人類，而是貶低至等同動物的存在後，

遭到無數蜂群襲擊的受刑人。施罰者不會弄髒自己的手，只要旁觀受刑人受苦即可。

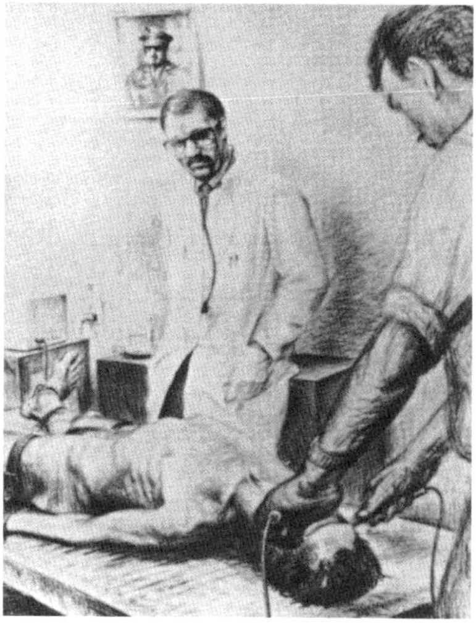

隨著科技發展，開始可以看到不傷害肉體，只破壞精神的拷問。就算嫌疑犯因此發瘋，也只是增加一件驗證拷問成效的案例數據罷了。

再奪其性命。

此外，還有讓受刑人處於飢餓或無法睡覺等極限狀態，摧毀其整個人格的刑罰。雖然方法非常原始，但效果奇佳，到了現代也是受到重視的拷問手段之一。較為現代化的方法，有持續照射強光燈的照射拷問，或是不斷施加電擊的電刑等。

受到照射或電擊拷問的受刑人，有時甚至會造成精神異常。將支撐心靈的自尊或思考能力剝奪的行為，事實上即為企圖將受刑人在社會上、精神上「抹殺」的行為。

浴缸拷問

在充滿穢物及惡臭四溢的澡盆裡徘徊生死間

說到痰、大小便等穢物，光是看到就讓人感覺不舒服，更別說是別人的排泄物，除非是特殊性癖好者，否則一般連看都不想看一眼。「浴缸拷問」就是利用人的這種心理，極其惡劣的拷問方式。

在德國與巴拉圭真實執行過的浴缸拷問，光是聽其內容都讓人不寒而慄。先將鼻涕、唾液、大小便等穢物倒入裝滿冰水的水槽，然後命令全身赤裸的嫌疑犯浸泡其中，當被惡氣薰到無法呼吸昏死過去時，再將嫌疑犯拉出。這個光是看到就想吐的穢物澡，不管如何拚命閉緊嘴巴、停止呼吸都無法持久。就算理性上不願意，還是得張開嘴，直接感受流進嘴裡穢物的惡臭，最後意識變得愈來愈模糊。好不容易從穢物的洗禮中逃離，臉部還要遭受毆打強迫清醒，然後再重複一次同樣的地獄。除了浸泡在穢物中的屈辱感，噁心作嘔的不舒服感也讓人難以忍受。

德國的蓋世太保很喜歡使用此刑，甚至固定做為標準的拷問選項。只要稍加想像拷問的情景，就不會去質疑這個方法的效果了。

在玻利維亞曾經有學生被塞進馬糞中十五小時，是與此刑類似的案例。雖然用

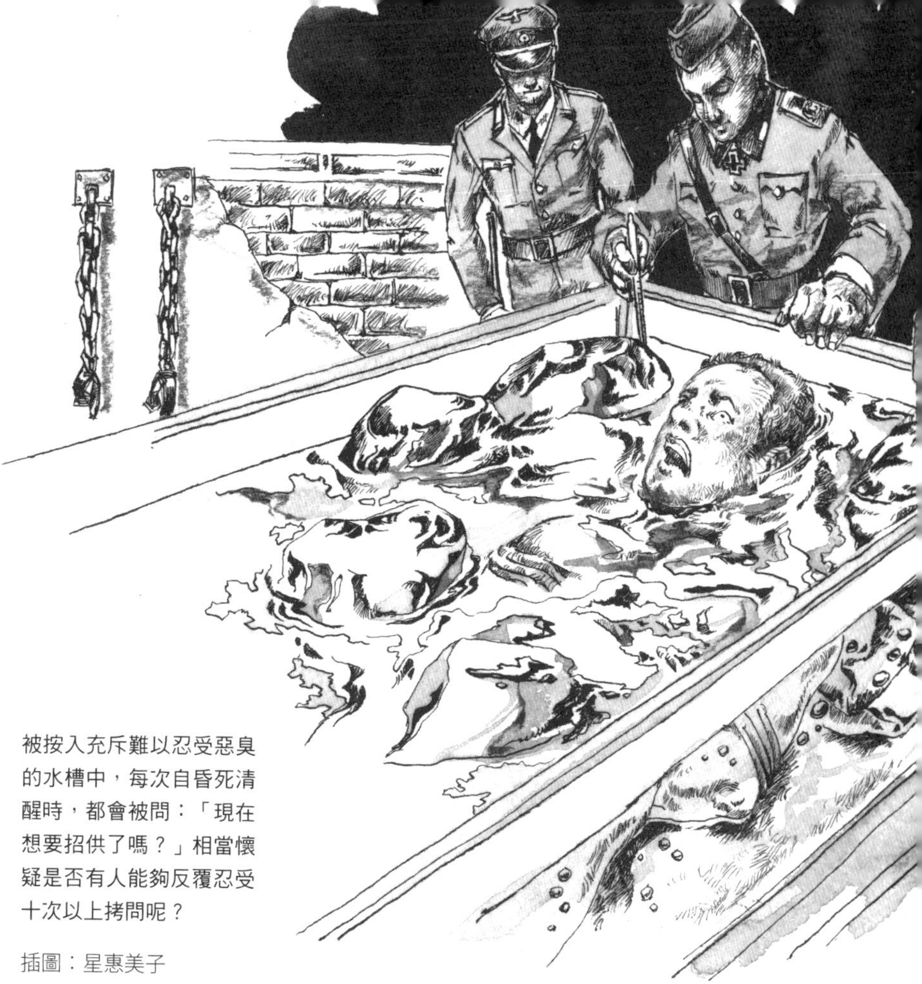

被按入充斥難以忍受惡臭的水槽中，每次自昏死清醒時，都會被問：「現在想要招供了嗎？」相當懷疑是否有人能夠反覆忍受十次以上拷問呢？

插圖：星惠美子

不著體會窒息的痛苦算是不幸中的大幸，但整個人泡在馬糞裡，也是相當噁心的經驗。還真虧有人能夠想得出如此低俗不堪的事情。

朝對方吐痰這個行為帶有侮辱的意味，如果換成穢物，那就不只是侮辱這等程度了。任誰都會完全喪失自尊，手忙腳亂地想要從惡臭地獄裡掙扎逃出。

前面提到巴拉圭的拷問，僅僅是三十年前左右發生的事情。相同的拷問，至今一定也還在某個地方繼續執行。

船刑

身體因自己排出的穢物與大自然的威脅而腐朽

浴缸拷問的可怕還在可以想像的範圍內，但天外有天，過去在波斯曾經執行過超乎想像的詭異刑罰。這種刑罰稱做「船刑」。光看名稱，似乎和穢物沒有什麼關係。刑罰的發明人是以構思殘酷刑罰，在世界上首屈一指的波斯人。

此刑的執行順序，首先將兩條小船對接疊合，在受刑人頭部和手腳的位置打洞，然後命令受刑人躺進兩小船之間，再用鐵製螺栓將小船接合固定。也就是說，受刑人會被兩條小船如同三明治一般夾在中間。受刑人姿勢看起來就像肚子朝天的烏龜，再被強迫灌食大量的食物及牛奶、蜂蜜混合的飲料。不久胃部就再也裝不下食物，受刑人會將剛才吞進的食物再嘔吐出來。想當然耳，口部周圍及頸部都沾滿了嘔吐物。

接下來，執刑者會不時變換小船的方向，使受刑人的頭部一直保持朝向太陽。於是，剛剛的嘔吐物和由口中溢出的食物，慢慢會散發出甜膩的氣味。而這個氣味會吸引蜜蜂和蒼蠅靠近，圍繞在受刑人身上造成痛苦。再加上受刑人在小船內排泄出來的糞尿會長出蛆蟲，侵入體內大肆啃食血肉。

全身沾滿嘔吐物與大小便，身邊圍繞無數的蟲子，孤獨地邁向死亡，到底是怎麼樣的心境呢？集殘酷與醜惡之大成，就在此刑。

受刑人死去後，將上側的小船取下，裡面是呈現悽慘樣貌的死骸。連內臟都被啃食得破爛的屍體，全身上下到處都是大量扭曲蠕動的蟲子、蟲子、蟲子……

看到如此情景仍能保持清醒的波斯人，反而令人感到敬佩。

各種酷刑中，船刑的殘酷與醜惡可說是頭等級。在滿滿的穢物與蟲子間死去的受刑人的屍體，可怕到讓人不敢再看第二眼。

插圖：星惠美子

穢物拷問
在堆肥坑中與糞尿、蛆蟲共浴反省罪行

現代社會只有部分地區可以看到堆肥坑。相信有很多人知道，這是用來儲藏人類糞尿的洞穴或瓶器。在堆肥坑發酵、熟成的糞尿，成為所謂的糞肥，支持著日本的農業發展。

糞肥在江戶時代甚至有買賣行情，可見需求之高。堆肥坑對當時的人們來說是很平常的存在。可說是天然環保設施的堆肥坑，在江戶時代也曾做為拷問工具。時值德川家康治世，町奉行米津勘兵衛曾有執行「糞責」，使用糞尿拷問的記載。文獻上如此記載：「糞責者，如水責也，以町奉行米津勘兵衛田政為始，問責於囚人……」可知其拷問方法與水刑相同，只是改為浸泡在糞尿中。對於遲遲不肯招供的罪犯，失去耐心的米津勘兵衛，終於施出糞尿拷問這劑猛藥。

糞尿拷問又稱為「穢物拷問」，據說在江戶時代偶爾會執行。拷問時將嫌疑犯全裸綑綁，浸泡在堆肥坑裡逼迫招供……劇烈的惡臭與糞尿難以言喻的觸感，一連串令人呼吸困難的痛苦，就算是再怎麼頑強的嫌疑犯也難以忍受。為了避免溺死而不得不張口呼吸時，除了糞尿，就連蛆蟲都會流進嘴裡。那種場景，雖然不若船刑可怕，但光是想像就足夠讓人噁心想吐了。現在隨著沖水馬桶的普及，已經很少看到糞坑式廁所。但過去偶爾會發生有人掉進糞坑的意外事故，就算手腳可以自由活動，全身沾滿穢物等待救援的狀態還是相當辛苦吧。有經歷過這種意外的人，說不定就能夠理解穢物拷問的痛苦。

在沒有化學肥料的時代，堆肥坑是由糞尿製造出肥料的重要環保設施。
正因為是人們身邊常見的事物，所以有時也會做為拷問工具使用。

插圖：岡本春助

大餐酷刑

大啖裝滿排泄物的「大餐」後，步上黃泉路

監獄圍牆內的特殊空間，對囚犯都造成極大的壓力。彼此不相識的人被強迫塞進狹小的空間，人際關係不易處理，發生爭吵或互毆也是司空見慣。這種狀況不管是過去或現在都沒有太大改變。因此，與身邊囚犯相處不合，或是不遵守牢內規矩的囚犯，有時就會成為霸凌或欺侮的對象。

江戶時代的牢房也是霸凌事件橫行。通常會去欺負看不順眼囚犯的人，多是那些被稱為牢內官差的老囚犯。位階最高的頭目稱為牢名主（牢中管理新囚的老囚犯），一個人就霸占十張榻榻米，身體向後擺擺足架子。其次是添役、用役、二番役等小頭目，像這樣的牢內官差有好幾人，由他們負責管理牢裡的秩序。

這些牢內官差以牢內刑罰為名進行的霸凌手段之一，就是「大餐酷刑」。看到大餐這兩個字，也許以為是逼迫對方吃食物吃到撐死的苦刑……但實際上完全相反。所謂大餐，指的是人的大便。將大便大量盛在木碗裡，逼著新囚或看不順眼的囚犯將其吃下肚。當時的牢房雖然有稱為「詰」的廁所，但要進行大餐酷刑時，就會有人將大便直接解在木碗裡。這麼骯髒的穢物，裝了滿滿一大碗塞到嘴邊，強迫吃下肚裡。

受到屈辱和噁心襲擊，一邊哭泣一邊吃下「大餐」的囚犯，全身長滿膿腫，到了第二天早上便死去了。這也難怪。大便裡含有數十兆的大腸菌，當時想必還混了許多寄生蟲卵在內，由口腔進入體內，會引起下痢、腹痛、嘔吐等。江戶的牢裡雖然還有許多各種霸凌手段，但都沒有大餐酷刑這般殘酷且凌辱。

將他人解出的大便稱為「大餐」，強迫吃下肚。
被霸凌的囚犯，在羞憤交加與噁心難受的煎熬下，最後全身長出膿腫死去。

插圖：岡本春助

斬首示眾（獄門刑）

即使只剩下一顆頭，仍得示眾獻醜的重刑

將死者的首級示眾，也就是所謂的「斬首示眾」，在日本是自古就有的刑罰。原本是指武士殺死敵人後，將其首級攜回做為證據，並放置在首級示眾用的獄門臺上公開展示的習慣。這種行為包含了勝者對於自我力量的誇耀、對敗者的警告，以及對民眾的威嚇等意圖在內。此外，死了屍首還得示眾，對敗者而言更是終極的恥辱。

這種習俗流傳到江戶時代，仍然將斬首示眾的獄門刑沿用為正式的死刑。不過，因為這是恥辱刑，處刑的對象都是重刑犯。

死刑犯在牢內的切場斬首後，清洗首級裝入稻草米袋，接著運到指定的刑場。留下來的身軀則遭到棄置。獄門臺上有固定首級用、突出的釘子，放上首級後，左右鋪上黏土以便固定。獄門臺的長度約一二〇公分，寬幅約二十四公分。如果要同時展示多顆首級，就會使用更長的臺座。

遭處獄門刑的首級，公開展示期間是三天。獄門臺附近，立有說明受刑人身分及罪狀的「捨札」（告示牌）。公開展示期間過後，首級會遭到丟棄，不過告示牌會立在原地三十天。

從無名的罪犯到歷史上留名的人物，在獄門臺上公開示眾的受刑人不計其數。其中最有名，同時亦以首塚聞名的要算是平將門吧。將門遭到藤原秀鄉及平貞盛討伐後，只有首級被送往京都，在獄舍的門前公

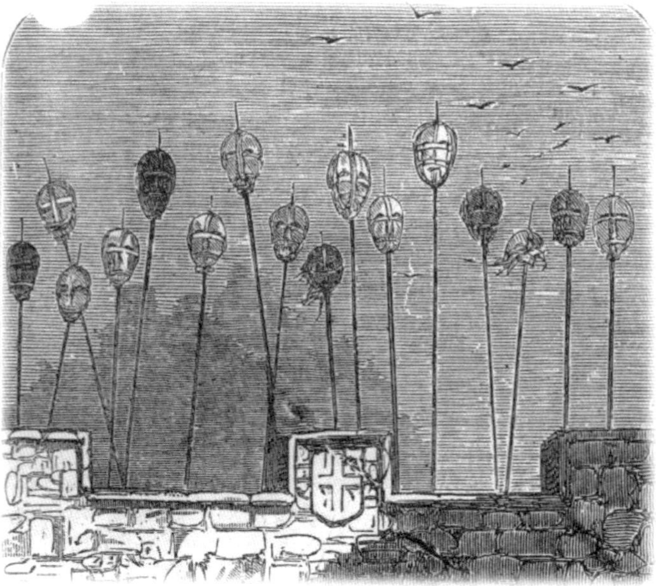

英國也有斬首示眾的習俗。
舊倫敦橋上被斬首示眾的叛國者首級，藉此警惕民眾。

開示眾。因此傳說將門是日本第一位遭處斬首示眾獄門刑的人物。

幕末時期，在土佐勤皇黨的主導下，發生了被視為新幕派的人士陸續遭到襲擊，並在京都的四條河原公開展示首級的事件。

在日本長久流傳的示眾警戒習俗，一直持續到十九世紀末期，才終於畫下休止符。

拖曳刑

驚人的拖曳力道將血肉磨成碎屑

將捕獲的盜匪，雙手用繩子綁住，警長騎在馬上將其拖行在後……這是在西部片中常見的場景，而這種刑罰在中世紀的歐洲就已經存在了。

當時獵巫運動愈趨激烈，就連基督教派的其中一支，瓦勒度派（Waldensians）的成員，也被視為異端。即使受到嚴厲的打擊，他們的團結也毫不動搖，最後終於成長茁壯，建設了宏偉的教會。不過，視其為眼中釘的羅馬教廷，試圖要找理由迫害瓦勒度派。

其中所施暴行之一，即為「拖曳刑」。刑求內容如下：將異端教徒的衣服剝去，全身赤裸地綁在馬後，接著讓馬拖曳前行。而且刻意選在山路執行此刑，使得被迫害者的身體幾乎全都是傷，體無完膚。破碎且銳利的路面將皮膚削落，砂石嵌入裸露出來的血肉。原本就崎嶇不平的道路使得身體上下彈跳晃動，增添更多的痛苦。被迫害者全身上下就如同被「刨絲器」刨過般，可以想像得到當場的景象是何等悽慘。

這種用繩子綁住拉行的野蠻刑罰，到現代仍然存在。巫術信仰根深柢固的奈及利亞及非洲地區，婦女、孩童一旦被指控為女巫就會遭受暴行，有時還會登上新聞。曾經有個少年因為被指稱是惡魔，而遭到親生父親用繩子套住頸部拖行施暴。獵巫行動並非過去的歷史，到目前還是時有所聞。

受到在地面拖行的摩擦，以及彈跳碰撞的衝擊，受刑人的身體早已千瘡百孔。

插圖：岡本春助

遊街

罪犯告別今生的最後小旅行

江戶時代的重刑犯，除了死罪之外，還會加上稱為「引迴」（遊街）的附加刑。被判處遊街的對象是強盜殺人者、殺害主人家族者，以及買賣毒藥者。

這是一種示眾刑，將死刑犯綁在馬上，拉著馬在行人如織的城鎮中遊行。由賤民階層的非人高舉記載死刑犯身分及罪狀的旗幟、捨札告示牌，跟隨官差同行。

如果是在江戶執行遊街，基本上路線會經過江戶橋、八丁堀、赤坂、上野等重要地標，最後再回到牢房。

犯人在夾道圍觀的群眾注目下，緩緩地遊街，最後等待在前方的是斬首刑。

此刻遊街的死刑犯應該是滿臉憔悴吧？然而，實際上為此感到高興的犯人反而比較多。對他們而言，這場遊街是踏上另一個世界前，今生的最後一場旅行。更何況，遊街的路線遍巡江戶的觀光名勝。據說有的死刑犯，甚至會死乞百賴地向官差討酒跟食物吃喝。

畢竟這是今生最後一段旅程……雖然並非無法體會其心情，但也未免太過輕率了吧。

在這場人生最後一段旅程中，據說有許多死刑犯會做出不知輕重的舉動。

當眾羞辱

耽溺於男女情色者之末路，受眾人環視的當眾羞辱懲罰

江戶時代規定的死刑中，火罪與十字架刑、獄門刑都包含了公開示眾這個附加刑在內。除了是讓受刑人死後仍受侮辱的恥辱刑，同時也具有令民眾以為警戒的功效。但是，也有讓受刑人活著示眾的刑罰。

此時的「晒刑」（當眾羞辱），是在執行極刑之前的示眾刑。晒刑的對象，是破了色戒的僧侶及殉情失敗的男女。所謂破色戒，就是理應不近女色的僧侶，犯下與女性發生關係的行為。僧侶也有七情六欲，像是對寺院雇用的女子出手、或與他人妻子通姦等，一時不慎破犯戒律者不絕於後。曾經有過數十名破色戒僧侶同時遭到檢舉，在示眾場所一字排開的壯觀情景。

殉情，即為男女戀人相約自殺。如果這對不合禮法的私通男女皆殉情成功，則需將屍體棄於荒野。若其中一方或雙方皆存活，視情形也有可能判處斬首刑。與現代不同，殉情在當時被視為嚴重的罪行。

江戶的日本橋設有示眾刑專用場所。以繩索圍出一個空間，架設茅草屋頂，地面會鋪上一塊草席。示眾刑執行的時間是早晨到傍晚，因此在示眾場所的一角還備有廁所。用繩子輕輕綑綁的受刑人，坐在草席上，從早到晚曝露在眾人的目光之下。當受刑人人數較多時，有可能會被湊熱鬧的好事者圍得水洩不通。

在沒有電視也沒有報紙的當時，示眾刑是民眾少數能夠親眼目睹罪犯真面目的機會。人們除了將示眾刑當作娛樂活動之外，同時建立起一旦犯了罪，自己也會有同樣下場的自覺。

一對男女因婚外情被處以當眾羞辱的懲罰。右手邊可見寫明罪狀的捨札（告示牌）。

剝奪名譽刑

暴露在侮蔑的視線下，即代表在社會上遭到抹殺

「丟人現眼」這個詞，往往用於負面的意思。在現代使用這個詞的時機，是當在大家面前丟臉、名譽受損時。然而，數個世紀以前，當眾出醜代表的意義，比起現今要可怕許多。

在中世紀的歐洲，即使以目前的眼光看來微不足道的罪行，只要涉及破壞共同生活體的規則，很多時候都會被處以「剝奪名譽刑」。比方說，結婚前失貞、夫妻吵架干擾到別人、麵包師傅偷工減料之類。在共同體生活人際關係緊密結合的時代，對於不守規範者的目光是嚴厲的。在日本也曾發生破壞村莊規矩的人，遭受私刑制裁的事件，與此是相同的。

依據不同的罪行，剝奪個人名譽的方法有各式各樣的選項。除了有使其在眾人面前公開謝罪，或接受公開責罵這種單純的方法，也有施予恥辱程度更加嚴重的示眾刑。不但將受刑人關在示眾臺或是牢籠中，有時還讓他穿戴奇特的面具和衣服。酒鬼的脖子上掛著酒瓶造形的「懲戒項鍊」；口出穢言、講出禁忌語句者，頸部套上由笛子翻模外形的鐵製「喧囂者之笛」；「口鉗」則是用來處罰口不擇言的女性……一眼就能看出受刑人所犯的罪、充滿黑色幽默的示眾刑專用器具，被大量製造問世。

而即使婚禮逼近，行為淫亂者同樣會被處以斷髮的刑罰。女人會被剪掉髮辮，男人則剃光頭，斷髮儀式會在眾人注目下進行。像這樣被剝奪名譽的人，在團體內沒有立足之地，甚至會失去家庭與工作。

兩名戴上奇特面具的女人，以及被綁在示眾臺的男人。
當時城市的人口並不多，就算看不到臉孔，也能馬上就辨識出受刑人的身分。

插入異物刑

刮棒、瓶罐、甚至連螞蟻窩都塞入生殖器

能同時對身心都造成巨大痛苦的拷問有很多種，其中最為極致的要屬針對生殖器的攻擊。強迫將不願意暴露在他人眼前的部位顯露出來，再針對該部位施加拷問，雖然殘忍，但非常有效率。尤其當嫌疑犯是女性時，更能收到極佳的效果。

十四世紀左右，日本的文學著作中有犯下通姦罪的女性，陰部被縫住的描述；江戶時期迫害天主教徒時，曾將神父的手指切斷，處以紋身刑罰後，再以長槍刺入下體，最後斬首終結性命。

中世紀歐洲有稱為「苦刑梨」的器具，許多被視為異端的女性陰道遭其插入破壞。

令人驚訝的是，超乎以上程度的殘虐拷問，居然在日本昭和時期曾進行過。那是諸如共產主義者或新興宗教的信徒等被視為反政府的對象，都會遭受祕密警察過度地監視與迫害的時代。

隸屬於否定資本主義團體的作家中本貴子，在著作中詳細描述了自己受到祕密警察各種殘酷拷問的細節。書中記載，祕密警察將掃帚的柄塞入她的生殖器，警官還因為塞得不順利而發怒，掐住她的脖子。

另外，在日本檢肅日共四一六事件中，被逮捕者之一的三浦梅，也受到殘酷的拷問。先是全裸被吊起來，再用香菸燒陰毛，還被竹製的刮棒插入陰道攪動。

國外也有悲慘的案例。越戰時期，一名女性政治犯被瓶子深深塞入陰道拷問。法軍士兵則是將螞蟻窩

塞入一名越南北部安南人女性的陰道，任螞蟻在身體內部啃蝕。如果將沒有列入官方記錄的案件也計算在內，像這樣的凌辱案件數量應該還要更多吧。

凌辱生殖器的行為，就等於凌虐受刑人的心靈。不管是否位居公職，又或是處於戰爭時期，這都是不被允許的行為。

對於女性嫌疑犯，不管哪個國家，經常都假借拷問之名行凌辱之實。這些女子內心所受到的創傷，恐怕一輩子都無法痊癒。

插圖：星惠美子

烙刑

灼熱與痛楚刻劃出永遠無法消失的烙印

所謂「烙刑」，就是使用加熱後的金屬器具，在犯人身體上印上圖樣的刑罰。現代幾乎都運用在木製品、糕點或家畜等的烙印，過去是對犯罪者施予懲罰的方式之一。

根據古文獻資料，古羅馬會在逃亡的奴隸或盜賊身上施加烙印。奴隸會被烙上代表「逃亡」意思的「fugitivus」的首字母F，伴隨著痛苦，受刑人所犯的罪也清楚地刻在身上。

像這樣可以施加痛苦，又能兼具與一般人區隔的烙刑，在中世紀英國也經常用來處罰罪犯。和古羅馬相同，烙刑會印上所犯罪狀的首字母，一眼就能分辨出來。到了十九世紀，英國才終於廢除烙刑。

而美國過去迫害貴格會教徒時，曾將代表異教徒的圖樣烙印在教徒身上。貴格會是一支十七世紀在英國興起的宗教團體，正式名稱為公誼會。不管如何嚴格取締，教徒們仍然陸續湧向美國，因此各州都以殘酷的刑罰對待。例如在紐哈芬市，除了要在民眾面前示眾之外，還以燒紅烙鐵在鞭打過後的身體上烙燙。在麻薩諸塞州則是處以削耳、鞭打、烙鐵燙舌等刑罰，甚至還在右肩烙上代表貴格會教徒象徵的R字。

同樣是在美國，馬里蘭州對於養豬業進行積極保護的時代，官方正式認可對偷豬賊施以烙刑。執行烙刑的對象是再犯者，如果三犯者就直接處死。像這樣，烙刑是世界上廣為實施的刑罰，不過古代是在腳底或拇指根部等不顯眼的地方烙印，後來才逐漸轉變為烙印在肩膀或臉部。

羅馬帝國被處以烙刑的女性殉教者。
施予苦痛與屈辱的烙刑，有的國家直到十九世紀左右都仍然可見。

火把拷問

以火燄蹂躪女性敏感部位的暴力

歐洲從十五世紀初至十八世紀所風行的宗教裁判，被列為目標的都是被指控為女巫的無名女性。十六世紀末，惡名昭彰的「獵巫行動」如風暴般席捲歐陸，為了逼出女巫，執行了各種殘酷拷問及處刑方式。

這類刑罰多以利用水、火的方式為主。因為人們相信水可以將汙穢淨化，而火可以將汙穢消除。就火而言，還有能夠讓女巫所持邪惡力量失效的目的。在女巫審判中，嫌疑犯的自白、認罪非常重要。當然，被冤枉的女性不可能會主動認罪。為了要逼她們自白，殘酷的拷問手段是不可或缺的。

將身體吊起，打碎骨頭，不讓其睡眠及進食……拷問的內容各式各樣，尤其因為對象是女性的關係，針對腋下與陰部的折磨也不在少數。其中之一，就是以火把的火燄炙烤敏感部位的「火把拷問」。除了對敏感部位拷問所造成的痛苦之外，不想被看見的部位暴露在外遭受凌辱折磨，想必更是生不如死的恥辱。和火把拷問類似的拷問手段，還有以浸泡在水銀中的羽毛碰觸腋下或陰部的方式。

而以女巫審判指南聞名的《女巫之鎚》（*Malleus Maleficarum*）提出建議，讓嫌疑犯握住燒紅的烙鐵進行拷問，如果皮膚上留下痕跡，就代表有罪。辨別女巫的方式竟是如此粗暴。

不管哪種方法都伴隨著劇烈痛苦，但當時的人們相信「女巫不會感到痛楚，就算哀喊疼痛也只是演戲」。席捲中世紀歐洲的宗教狂熱，就連無罪女性的悲鳴都要抹殺。

被指控為女巫的嫌疑犯會被剝去衣物，幾近全裸地接受審訊及拷問。
據說針對敏感部位的拷問手段也不在少數。

插圖：岡本春助

黥刑

刻在手臂上，代表前科犯的鮮明印記

古代的日本有所謂「黥」的巫術風俗。不論男女老幼，都會在臉面或身體黥紋。圖樣設計依部族、身分不同而有差異。

不過，後來開拓大和朝廷的騎馬民族並沒有黥的習慣，從此黥就轉變為帶有刑罰的意味。持續到奈良時代的黥刑歷史曾經一度絕跡，到了江戶時期才又以「入墨」（紋身）的名稱再次復活。這是在天下太平之世，德川吉宗將軍統治的時代。因為切斷刑過於殘虐，因此採用痛苦較少，而且帶有警戒眾人之意的入墨做為附加刑。

被判處入墨刑的犯人，會被帶到牢房管理事務所前，坐在草席上。經官差確認為本人之後，命令犯人赤裸上身，確認是否已執行過入墨刑。

如果什麼都沒有，就將浸有墨汁的毛筆，在犯人手臂上塗上規定的圖樣。接著以集束成捆的尖針工具一邊照著圖樣刺入皮膚，一邊將墨汁揉進皮下。

這個技術，由現代的手工「刺青」繼承下來。當整個流程結束後，用水洗淨手臂，如果墨水附著良好，再由世襲負責牢房管理的石出帶刀（牢房長官）檢視後即完成。

入墨的種類依罪狀、犯行次數、地區不同，而有所差異。紀州德川家不刺在手臂，而是在額頭上入

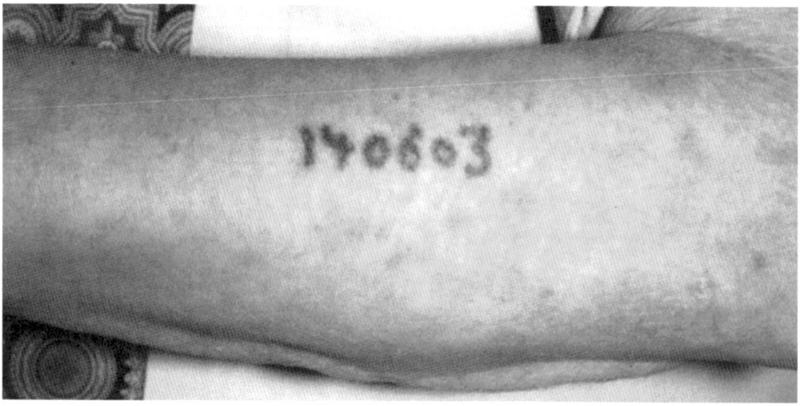

納粹德國時期奧斯威辛集中營倖存者手臂上，表示個人身分的編號刺青。

墨，圖樣設計饒富巧思，當犯行滿三次後，剛好就構成一個「犬」字。

日本此刑廢除是在明治三年。昭和年代初期，解除了紋身的限制，以「刺青」為名，依各種不同目的而施作。

最近已經變成普羅大眾流行的一環，更加朝裝飾藝術的方向轉化。正如各位所知，日本的刺青文化早已經聞名於世。

餵食動物

讓古羅馬民眾為之沸騰的一大娛樂活動

任由動物啃食至死，實在是殘酷且不人道的刑罰，但在古羅馬卻是做為民眾娛樂而大受歡迎。

讓奴隸與猛獸對戰的活動舉辦地點是在圓形競技場。態度惡劣的奴隸或是身為異端的基督教徒，戴上腳鐐，強迫參加這場演出。他們的對手是豹、公牛、熊、公豬等。人類這方的參加者，首先要在舞臺上列隊繞行，然後關入恐怖的「競技場」中。在其視線下方，是關著動物的柵欄。

看準觀眾情緒達到最高潮的時機，打開柵門放出野獸。表演開始了。雖說如此，比賽一開始就是一面倒，咆哮狂吼的猛獸來回衝撞犧牲者，用利爪攻擊，最後撲倒人類開始啃咬他的身體。觀眾看著猛獸貪婪地啃食人類新鮮內臟的樣子，發出如雷的歡呼聲。

這種低俗惡劣的活動，據說是暴君尼祿的嗜好。他會將奴隸丟入游滿吸血七鰓鰻的水池中，或是活生生地讓鱷魚吃掉。不過，像這樣的殘虐活動也深受民眾喜愛，圓形競技場多的時候甚至會湧入十萬人以上的觀眾。入場免費、附有食物的豪氣招待，也是受歡迎的原因之一，是當時民眾極佳的娛樂活動。

在中世紀的歐洲，也曾執行過將死刑犯與餓犬吊在一起的犬刑。很明顯地，死刑犯不用等到餓死，就會成為餓犬的食物了。另外，還有將小孩子半身埋在地底，然後放出獒犬將其咬死的恐怖凌虐、殺戮行為。而在奈及利亞的部落，至今仍存在犯下通姦罪的罪犯必須在眾人面前性交，然後丟入鱷魚池中處死。

遭到飢餓野獸攻擊，最後如露水般消失在競技場上的悲哀性命。
觀眾一邊發出歡呼，一邊眺望著活生生的人被生吞活剝的景象。

熱鍋拷問

害怕灼熱的貓鼠只想逃入受刑人腹中

遭到動物殺害的屈辱刑罰，有時會以難以想像的方式執行。其中之一，就是在宗教裁判時使用的「熱鍋拷問」。將嫌疑犯的衣服脫去，仰躺在長椅或是桌上，手腳綁緊固定，讓全身無法動彈。就在嫌疑犯害怕不知道下一刻會被如何對待而全身發抖時，一個大鍋子倒蓋在肚子上。有時也會改以金屬製的大釜代用。裸露的腹部傳來令人不寒而慄的觸感，因為……鍋裡放進了活生生的老鼠。

緊接著，用火焚燒鍋子。不多時，鍋子整個發燙，在黑暗中的鼠群受不了熱氣烘烤，吱吱作響四處竄逃。無路可逃的鼠群唯一能逃避灼熱的方法，只有鑽進嫌疑犯的肚子裡。被繩索綑綁的嫌疑犯對於這些咬破皮膚，侵入肚腸的小動物，絲毫沒有抵抗能力。十七世紀的德國，也有類似的拷問方法。不過使用的動物不是老鼠，而是貓。將籠子放在嫌疑犯的肚子上，然後將貓放進籠中。執行人與助手會用樹枝戳刺貓，憤怒發狂的貓就會猛抓嫌疑犯的肚子，銳利的爪子深陷入肌肉，就連內臟都被抓得血肉模糊。

上述都是人為刻意進行的刑罰，但在十八世紀的英國，發生了老鼠群起攻擊囚犯的意外事故。地點是在惡名遠播世界的倫敦塔。這裡的下水溝沒有加蓋，直通外界，塔內老鼠通行無阻四處奔竄。官差的對策是帶狗來驅趕老鼠，沒想到狗反而被鼠群攻擊致死，就連囚犯的臉部也遭到老鼠啃食。

在這樣不衛生的環境下，不光是人類施加的拷問帶來痛苦，有時就連野生小動物也會成為威脅。

老鼠為了逃避灼熱，拚命試圖鑽入嫌疑犯的體內。皮膚和肌肉、內臟被咬破的不舒服聲響，被嫌疑犯的悲鳴叫喊聲掩沒。

插圖：岡本春助

象刑
巨大的象腳踩踏在可憐的奴隸頭上

大象的巨大軀體，在陸地上的生物要算是數一數二，身形相較極為渺小的人類，只能以敬畏與驚嘆的眼光望著大象。印度教有一位頭部以上為象形的象頭神，因此在印度視大象為神聖的動物而備受崇敬。在泰國，大象與人們的關係密切，曾經有平時乃至戰時都將大象做為重要交通工具的活躍時代。

大象除了能做為代步工具，也能活用於軍事用途，有時候還可以充當劊子手的任務。

一直到十九世紀初期，印度、斯里蘭卡等國家都還有將死刑犯的頭部，以巨大象腳踩碎的處決方式。

處刑前，有時也會讓死刑犯由大象拖在後面拉行。方法和以馬匹拖曳的刑罰相同，將死刑犯的手腳用繩索固定後，綁在大象後腳上向前拖曳。只要大象向前邁出幾步，拖行在後的受刑人手腳就會脫臼，連骨頭也都旋即碎裂。全身癱軟的死刑犯，就這樣被拖行將近一個小時，最後下達結束指令時，已經是全身泥濘的悲慘樣貌。此時早已奄奄一息的死刑犯，再用象腳給予最後一擊，總算能夠透過死亡來得到安寧。

死刑犯坐在大象背上載往刑場，然後將死刑犯的頭部放置在牢固的臺座上，由沉重的象腳用力踏下。

讓動物攻擊、啃咬受刑人的刑罰並不少見，但要將受刑人粉碎的處決方式，只有體重高達數噸的大象才有可能辦到。再者，大象是聰明的動物，能夠識人，也能夠學習技能。擔任劊子手任務的大象，事前都會接受完善的訓練。雖說能夠因為精準地一擊而瞬間斃命，但整個頭部腦漿迸裂的死相還是極為悽慘。

由重達數噸的巨大軀體伸出的死亡之槌，將死刑犯的頭部擊碎。
用於處刑的大象，事先就受過相關的訓練。

毒蛇拷問

狂暴的毒蛇在口腔與生殖器中扭動爬行

自古以來，蛇被許多國家做為信仰對象崇拜，而在日本的傳說中，蛇是神的使者。另一方面，蛇沒有手足在地面爬行的姿態，以及對毒物的恐懼心理，也令人感到厭惡與忌諱。具備兩種極端形象的蛇，用來施加拷問痛苦是再適合不過，因此日本自古代即用作審判或拷問工具。

利用毒蛇進行的「毒審」和盟神探湯十分類似。受審者將手伸進放入毒蛇的壺中，藉此占卜有無罪狀。如果中毒就是有罪，會被處以適當的刑責。

鎌倉時代曾經留下將毒蛇塞入口中，十分詭異的拷問方式的相關記載。

之後的安土桃山時代，對基督徒進行拷問時，據說也常使用一種稱為「毒蛇拷問」的方法。將雙手綑綁的女信徒丟進毒蛇蜷曲的桶中，然後再澆淋熱水激怒毒蛇。於是，毒蛇會咬住距離最近的獵物，令女信徒發出慘叫。

在狹窄的桶中，光是被毒蛇盯住，身體就要僵硬到動彈不得吧。如果不是信仰根深柢固的人，光是被丟入桶中就會開口討饒也說不定。

十八世紀中葉，加賀百萬石的前田家，對於涉嫌參與奪取家督位置名字叫做淺尾的後宮女官，進行了毒蛇拷問。為了逼迫她招出涉及陰謀的自白，將其赤裸丟入有數十條毒蛇扭動爬行的大甕中。然後再淋灑加了鹽的酒，毒蛇受不了就纏住淺尾全身。當毒蛇發現不管怎麼噬咬，都沒地方逃跑之後，便開始試圖鑽入陰道。據說，後來被毒蛇由體內咬穿的淺尾就這麼一命嗚呼。

在海外也有將囚犯與毒蛇關在一起，或是把囚犯丟入滿是包括毒蛇在內的有毒動物的洞窟內等刑罰。毒蛇的可怕外表，可以說是天生的優秀拷問人。

一邊扭動身體一邊纏繞上來，受到激怒而張開毒牙的毒蛇，尤其經常用來執行對女性嫌疑犯的拷問。

插圖：太井ハルミ

縫入動物腹中

全身布滿驢子的內臟，在腐臭中死去

如果要舉出使用動物的刑罰中最奇特的案例，毫無疑問要屬讓受刑人「縫入動物腹中」的刑罰了。這是流傳於希臘的書籍《死人對話錄》（*Dialogues of the Dead*）中出現的處決方式，作者琉善（Lucian）是生活在二世紀的人物。

書中描述在一場辯論會中，與會者討論什麼樣的刑罰是世界上最恐怖的刑罰。如何能夠以時間最長，且最痛苦的方式，殺害異端基督教徒少女。關於這個議題，一名官差提案的處決方法，讓在場所有人都表示贊同。他的計畫如下所述。

殺死一頭驢子，將腹部剖開，取出內臟空出腹腔。然後將異端少女塞進腹腔，只讓頭部裸露在外，再把驢子的腹部縫合起來。接著將包裹在驢子體內的少女，曝露在禿鷹盤旋飛舞的場所。

也就是說，以類似穿著布偶裝的樣貌，棄置在野外。驢子屍體因為受到陽光持續照射而腐爛，散發出強烈的惡臭。腐肉長出大量的蛆蟲，在少女全身上下蠕動。教人難以忍受的惡臭、飢餓、乾渴，再加上噁心的白色蛆蟲帶來的不適感，造成莫大的痛苦。

據說，這個獲得全體同意的刑罰，後來依照提案內容執行。雖然書中描述少女最後是被禿鷹啄死，但實際上少女是否能夠支撐到那時就不得而知了。

塞入死驢腹腔的少女，被棄置在上空有禿鷹盤旋的場所。
簡直是與瘋狂一線之隔的處決方法。

插圖：星恵美子

摘除器官

解剖高手自古以來便一直存在於世上

刀刃刺入不斷抽動的罪犯體內。執刀者冷靜且迅速地切開腹部，將熱騰騰的臟腑取出。一陣顫抖，罪犯動了，因為他還活著。接下來，執刀者將刀刃抵在罪犯胸口，慎重地切開，雙手伸進胸腔內將還在跳動的心臟捧出來……

將臟器從人體內活生生地摘除，這種光是聽到就覺得恐怖的刑罰真實存在。例如英國，就有法典記載將犯人活生生取出內臟，然後將其煮熟的刑罰，一直到十九世紀中期以後才不見於記載。在埃及與波斯也有相同刑罰的記載，但削去肌肉、挖除關節、抽出骨頭，切掉生殖器等解剖方式和順序不太一樣。十五世紀左右的阿茲特克帝國十分繁榮，為了要延後太陽消失的時間，舉行將活人心臟獻祭給太陽的儀式。被選為獻祭者的年輕男女躺在祭壇上，由神官手持匕首切開胸膛取出心臟，用沾滿鮮血的雙手將心臟高高舉起，輸送能量給太陽。然而，他們的努力與犧牲都白費了，阿茲特克帝國只維持不到一世紀就滅亡了。

像這樣帶有強烈警戒或宗教儀式意味的「摘除內臟」，到了二十世紀以後開始有了不同樣貌。此時不再視為刑罰，而是以活體實驗或器官買賣為目的暗中進行。第二次世界大戰中，研究機構將眾多俘虜做為實驗對象，如日軍七三一部隊就是其中之一。為了醫學與軍事進步而進行的活體解剖，想必對某些人來說是難以抗拒的誘惑；對於為了私欲而肢解囚犯身體販賣新鮮內臟的人來說，也同樣是甜美的誘惑吧。

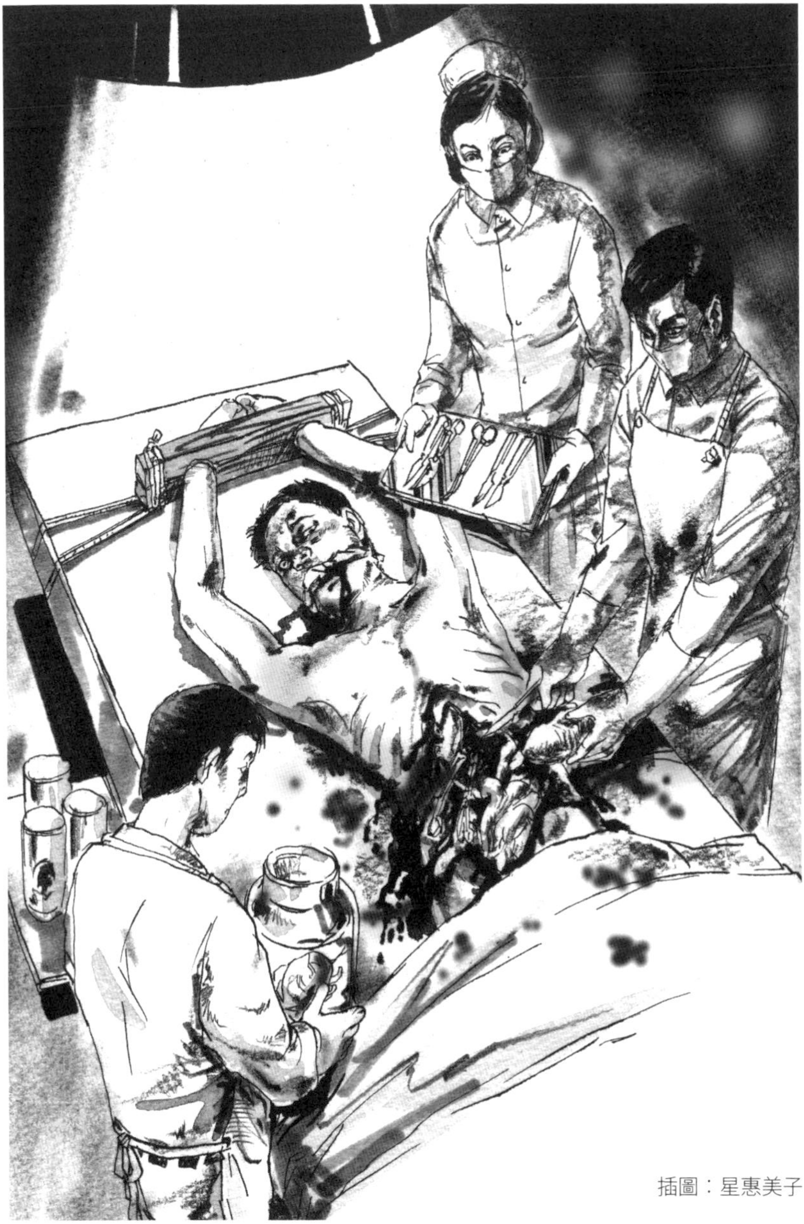

插圖：星惠美子

以亞洲一帶為中心，被視為問題的器官買賣。由於自活體摘出的器官可以賣得好價錢，據說有將囚犯活生生摘除器官的案例。

噪音拷問

不絕於耳的不舒服聲響剝奪聽力與理性

雖說對於噪音的感受每個人都不同，但是刺耳的聲音聽久了任誰都會感到不舒服。尖銳的警鈴聲響、隔壁鄰居的大笑聲等，相信大家都有過多次因吵鬧而感到坐立不安的經驗。以噪音為手段的拷問相當有效，進入二十世紀以來，在幾個國家都有很好的成效。以恐怖攻擊方式對抗英國的武裝組織ＩＲＡ（愛爾蘭共和軍）其前身組織，曾被收監於北愛爾蘭的監獄。其中有十四名因空間不足，無法收容的成員，被送入囚犯船接受「噪音拷問」。這是由當時拷問手法領先其他國家的英國所發明，內容如下所述。

將囚犯的視線遮住，只給最低限度的飲食，並使其面對牆壁站立剝奪其睡眠，並在被隔開的房間裡持續播放噪音。可說是同時施予三重痛苦的殘酷狀態，結果造成數人腦部嚴重創傷。

也有使用更原始方法的噪音拷問。在南越，將囚犯綑綁後關入裝滿水的汽油桶，然後用棍棒不停敲打桶身的拷問方式。據說蘇聯的祕密警察也有將金屬罐蓋在囚犯頭上，然後持續敲打其外側的拷問方式。

以醫學的角度而言，持續的噪音會造成疲勞與不安感、嘔吐感、自律神經失調等症狀。如果曝露在噪音下更長時間，甚至有可能造成重聽或聽力受損。距今約三十年前，曾經有將囚犯關在特別設置的噪音室中數日，逐漸加大噪音的音量，最後完全奪去囚犯聽力的紀錄。不會傷害肉體，但會破壞聽覺與精神的拷問，基於眾多的成功經驗，可以說是現代化的聰明拷問方式。

噪音只要持續十分鐘，大部分的人都會感到不舒服。
更何況是持續數日，不只會造成聽力受損，連腦袋都會出現異常。

插圖：岡本春助

餓刑

凹陷的眼眶，茫然的眼神，彷彿迫不及待死神的到來

「餓刑」，與噪音刑相同，執刑者不需要自己動手，也不會造成流血，就能帶給對方痛苦。不需要現代化的設備，就能長時間帶給受刑人痛苦，因此執行的方法雖然略有不同，但一直到現代都還存在。

在英國有嚴格限制囚犯飲食，稱為「嚴酷監禁」的刑罰，讓堅持不認罪的囚犯受盡苦頭。囚犯會被監禁在牢中最陰鬱、最讓人不舒服的獨居房。一天中配給的食物是大米或米糠做成的麵包，或是只提供飲水。而且不是同時提供，配給麵包就不能喝水，喝了水就不給麵

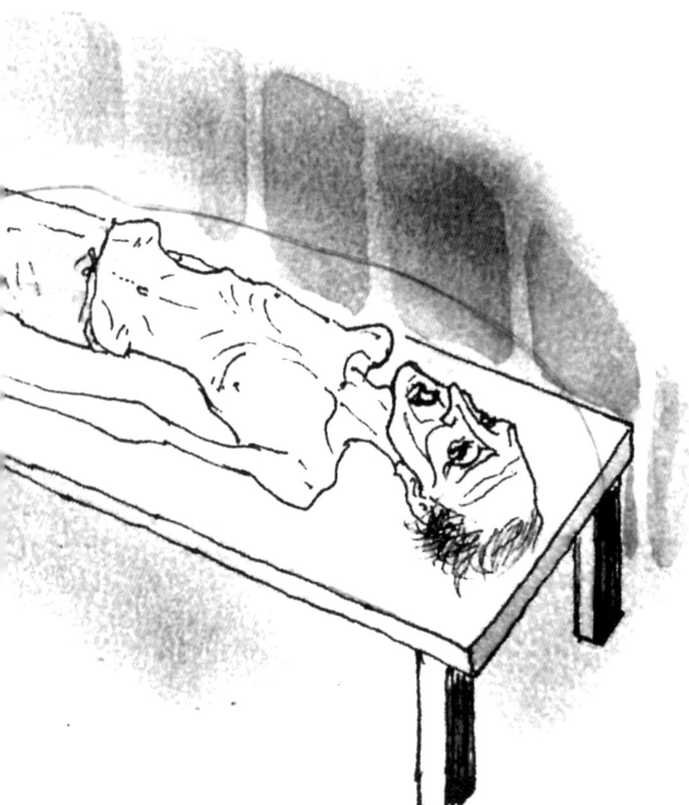

包。不管選擇哪種，都要面臨飢餓或是乾渴的折磨。除非發誓願意在法庭上承認有罪，否則無法從這樣噩夢般的循環中跳脫。

在德國和西班牙，也曾執行過將罪犯關入木桶中數日，或是幽禁在塔裡餓死的刑罰。另外，為了專用於餓刑的器具，還開發出「吉貝特吊籠」這種用來示眾的籠子。在同時期歐洲問世的拷問器具「苦刑梨」，只要塞入口中固定，就能讓受刑人無法飲食也無法說話。

二十世紀中期爆發的阿爾及利亞戰爭，留下了餓刑的失敗記載。法軍對逮捕到的三名游擊隊嫌疑犯，將其身體埋在地底，並將裝了水的飯盒放在距離臉部不遠處。原本預期只要在豔陽照射下，嫌疑犯感到嚴重口渴，想要喝水時就會自動招供。不過沒想到其中兩人經過兩天時間也堅不招供。最後連同其中一名已招供的嫌疑犯，全部槍斃。如果希望在有限的時間內取得口供，餓刑並不是一種合適的手段。

斷絕食物與飲水來折磨對方的拷問，現在仍存在於部分國家。目前斷食活動蔚為風尚的日本人，大概很難想像得到這樣的情形吧。一旦受到餓刑拷問，率先舉白旗投降的，或許是過於習慣飽食生活的日本人也說不定。

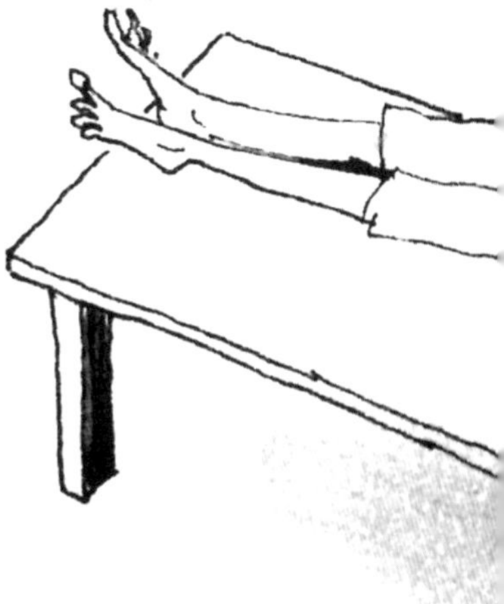

只要有飲水，有的人就能生存十天以上。就算斷絕食物，人類也不會那麼輕易死去。然而，以刑罰的觀點看來，這同時也代表了痛苦時間的延長。

插圖：太井ハルミ

睡眠剝奪、步行拷問

剝奪睡眠的自由，最後導致精神崩潰

人類與生俱來的欲望中，食欲、攝取水分、排泄、睡眠是與生命維持相關的重要欲望。反過來說，任何一項無法得到滿足時，對身心都會造成莫大的打擊。「睡眠剝奪」這項拷問，正是其中之一。

在英國，以睡眠剝奪做為拷問手段已經標準化，十分常見。嫌疑犯會被關在黑暗且不衛生的牢房，接受二十四小時監視，強迫清醒不可入睡。只要一開始打盹就會被守衛叫

醒，疲勞不斷累積，最後達到極限。大部分的人此時就會招供，甚至有人精神出現異常。食物的供應時有時無，在這樣極糟的環境裡，強迫持續不能睡眠的狀態，當然能收到極佳的拷問成效。

更殘酷的睡眠剝奪拷問，是同為英國的「步行拷問」。這個在過去獵巫時代屢奏奇功的拷問方法，刑如其名，就是讓嫌疑犯一直不停地走動。光是不能睡眠就已經非常辛苦，再加上肉體的疲勞，因此不支倒地者所在多有。雙腿也會嚴重地腫脹，更加深了嫌疑犯的痛苦。

只要有看守人員即可，不需要空間，也不需要工具。雖然簡單，但效果良好的睡眠剝奪拷問，在日本稱為「恍惚拷問」。拷問的手法順序和歐洲的方式大致相同。幾個人輪班負責監視一個嫌疑犯，只要看起來快要睡著，就潑冷水，或拳打腳踢叫醒他。當嫌疑犯身心俱疲時就會開始胡言亂語，趁此機會催促招供，就能取得「正確的證據」，實在是狡猾的手段。

長時間不睡覺，人會開始頭痛，注意力和記憶力都會減退。再繼續不能睡眠狀態，就會造成腦部損傷，甚至有可能死亡。剝奪睡眠的背後隱藏了如此嚴重的危險性。

不斷走路且無法睡眠的步行拷問。獵巫行動犧牲者之一的約翰・羅斯牧師，以七十歲高齡遭到這種殘酷拷問的折磨。

插圖：太井ハルミ

照射拷問

數百盞亮燈化為凶器，帶給腦部重大傷害

將嫌疑犯關入沒有燈光的暗室中，接著突然打開強光。由伸手不見五指的漆黑，瞬間變換成刺眼亮光的狀態，是一種帶給眼睛和腦部重大傷害的拷問方法。現已解體的蘇維埃聯邦，有一個名為內務人民委員部（簡稱ＮＫＶＤ）的國家機構。ＮＫＶＤ屬於祕密警察機構，除了逮捕、審訊反革命分子之外，就連處決也不假他人之手。這個機構最常使用，而且往往收到絕佳效果的拷問方式，就是「照射拷問」。

ＮＫＶＤ採用的方法是等嫌疑犯入睡十五分鐘後，以強光照射。這種方法或許會讓人覺得只是單純用強光照射罷了。但只要持續不斷地讓嫌疑犯的眼睛和腦部保持混亂，ＮＫＶＤ就能迫其按照自己希望的方式招供。在越南也有相關記載。越戰期間被逮捕的阮玉香，在越南的四座監獄流轉移監，受到各種拷問。一九六四年獲釋時，已經患有肺結核。加上遭到千瓦強光燈的照射拷問，視網膜受損，視力明顯下降。

ＮＫＶＤ的照射拷問主要是以強迫嫌疑犯不得入睡，而越南的做法則是以傷害嫌疑犯為目的。

各位是否有聽說過「急性光過敏症」（也稱光敏感性癲癇症）？這是由於閃光燈或閃爍畫面等，強烈光線閃爍所造成的頭痛與噁心症狀。在日本，一九九七年電視動畫出現的閃爍場景，造成一部分觀看的兒童出現身體不適，引起相當大的問題。在一九九三年的英國，有觀看電視泡麵廣告的三名觀眾，因此引發痙攣而送醫治療。強烈的照射帶給人的傷害，果然是相當嚴重的刑罰。

習慣黑暗後的眼睛受到強光照射、持續注視光的閃爍，不只是視力受損，連腦部都會受到傷害。過去在日本也曾因為這個現象，讓兒童產生癲癇而造成問題。

插畫：岡本春助

電擊拷問

對敏感的生殖器或耳朵施加電擊

目前在美國仍有數個州採用電椅執行死刑，但其實電擊也做為拷問的手段之一。納粹德國時代的祕密警察（蓋世太保），留下大量在俄國與法國等占領地使用此刑的記載。剛開始是將電極綁在雙手，以電流通過身體的方式執行拷問。後來，電極裝設的位置逐漸移向身體脆弱的部位。先是由雙手轉移到雙腳，再轉至兩耳，最後乾脆採取直接裝設在生殖器或肛門上這種殘虐的方法。或許是蓋世太保使用電擊拷問的效果太好了，法軍在一九五四年至一九六二年的阿爾及利亞戰爭期間，也開始大量執行電擊拷問。

設置於阿爾及利亞集中營的拷問房中，天花板上裝設了一個滑輪。囚犯雙手反綁在背後，身體用繩子吊掛在滑輪上。就這樣保持雙腳稍微離地的姿勢，執刑者將連接到手搖磁石發電機的銅線電極，接在囚犯的耳朵或生殖器上。為了讓電流容易導通，電極還會事先用水淋濕。接著就手搖轉動發電機，重複數次導通電流。接著將滑輪放鬆，讓囚犯摔落地面，意識陷入模糊狀態，趁此時開始訊問，大部分的囚犯都會輕易招供。電擊拷問也運用在女性身上。越戰時期，南越政府不只針對政治犯，就連迫害民眾也施出拷問手段。收容在嗣德監獄裡的四名女大學生，被電極夾插入陰道及肛門，乳頭纏上電線施以電擊。拷問造成女大生子宮遭受破壞而無法生育，手足的痙攣也無法完全恢復的後遺症。在玻利維亞，則有將逮捕到的一名玻利維亞夫人聯盟成員，以電擊棒強行插入陰道的記載。

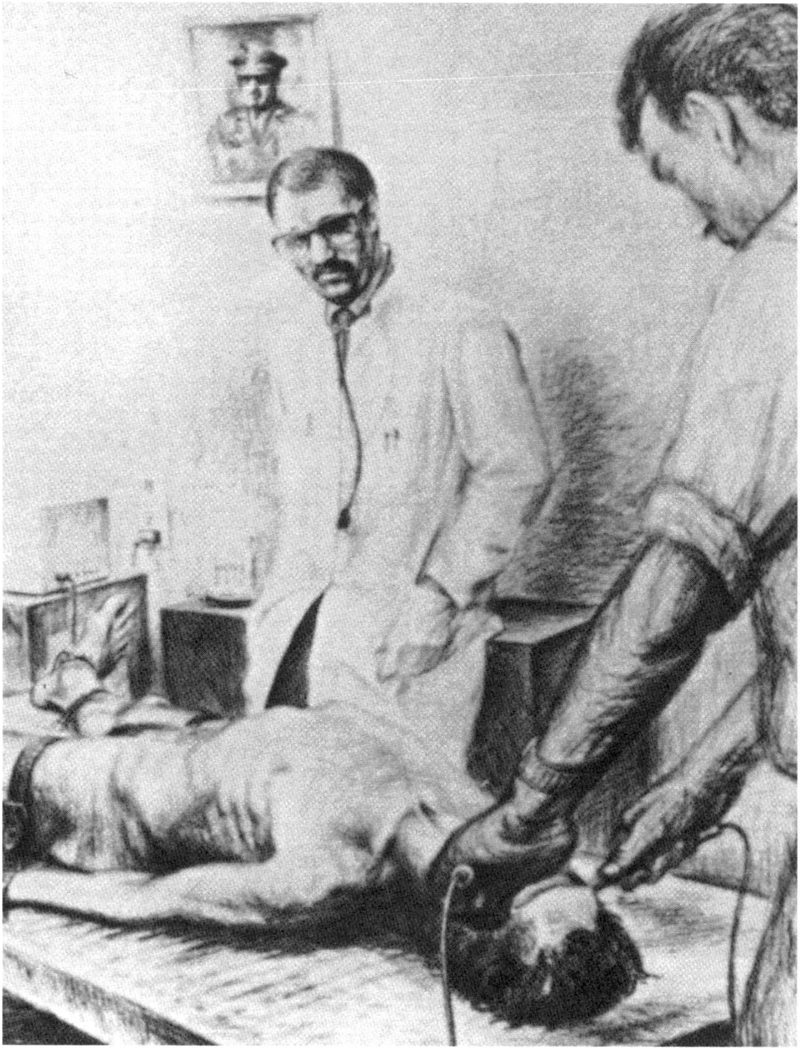

電力對於技術與文化的發展貢獻很大，但同時也使用於拷問及處決，
造成的犧牲者不計其數。

性虐待

以卑劣的虐待手段剝奪女性的尊嚴

最為卑劣且屈辱的拷問方法之一，就是針對女性的「性虐待」。尤其是強暴會在女性內心留下嚴重的創傷，可以說是最下流的手段。然而直到現在，戰爭期間或監獄裡發生的強暴事件仍然不絕於耳。

以大屠殺行徑而惡名昭彰的納粹德國，也經常對敵國女性施以性暴力。進攻蘇聯時，捕獲七十五名女子，將她們悉數強暴，其中甚至還有年僅十六歲的少女。少女在母親面前遭到侮辱，事後再用木棍猛力毆打，割開胸膛後棄置一旁。既已遭受極其屈辱的暴行，居然還不被允許死個痛快。

像這樣泯滅人性的行為，到了現代變本加厲。其中一例就是對女性法輪功學員的虐待。當地政府將收監在牢的一名女性學員，脫去衣物後，押入男性死刑犯的牢房。女學員無力保護自己，慘遭數名死刑犯凌辱。就這名女學員所知，另外還有八名學員遭到同樣虐待。不過，這恐怕還只是冰山一角。

更可怕的是，有時警察自己就是性侵的施暴者。另外，還有禁止使用生理期用品、將異物插入生殖器、對胸部或生殖器施加暴行等案例。看來，現實的情況是女學員一直處於威脅當中。

二〇〇九年，在剛果的監獄發生了兩名以上女性囚犯遭到強暴的事件。加害人是試圖逃獄的男性囚犯集團，原本打算以手榴彈破壞監獄圍牆，但失敗了，於是轉而襲擊女囚所在的別棟房舍。與性相關的話題往往被視為禁忌，因此很少會浮現檯面，正因為這樣的背景因素，造就了悲劇反覆發生的溫床。

對女性囚犯的集體強暴或強制性行為等虐待，其卑劣程度一再惡化。實際上甚至有警察即為施虐者的情形，更教人瞠目結舌無法置信。

插圖：星惠美子

擁擠折磨

連坐下都困難的牢獄生活，所帶來的痛苦與窒息

江戶時代，首度在江戶城設置名為傳馬町牢屋敷的監牢。四方以高聳牆壁圍繞，監牢區域除了牢房外，還有拷問用的土造倉庫以及切腹場所。收容一般老百姓的大牢通風極差，連廁所也設在牢內。為數眾多的囚犯擠在一起，在這樣極不衛生的環境下，牢內常有疫病流行。再加上牢內被稱為牢名主的囚犯頭目，被允許對看不順眼的對象動用私刑。牢內疫病加上私刑橫行（大多是窒息致死或踢擊陰囊致死），多的時候一年將近有兩千人死在牢裡。

當時管理牢房的長官似乎不認為收監人數遠超過牢房大小，其實就等於施予處罰。但對囚犯來說，牢中生活本身就是一種痛苦。

除了日本之外，也有同樣施行擁擠折磨的國家。在一九七三年的越南，距離最大都市胡志明市約兩百公里的地點，有一所專門收容政治犯的崑崙島（昆島）監獄。牢房的面積寬為六公尺，深十五公尺，高二·五公尺。這個絕對稱不上大的牢房，居然關押了百人以上。酷熱與濕氣，加上擁擠不堪的狀態，無法橫躺只能在原地蹲著睡覺。夏天由海邊吹來熱風，皮膚髒汙，深受疥瘡（由疥癬蟲寄生所造成的傳染病）所苦。

一九七九年四月，中非共和國的卜卡薩皇帝（Jean-Bédel Bokassa）乘坐的專用車，被小孩子丟石頭擊中，皇帝大怒，命令近衛隊逮捕這些孩子。將近一百名的小孩子被捕，全部關進班基中央監獄。光是將所有人塞入牢房，就已造成十二至二十八個孩子窒息死亡，剩下的孩子也被棍棒毆打或鞭子抽打，命喪牢中。

倫敦監獄裡的囚犯生活一景。狹窄的空間勉強塞進眾多人數的狀況經常可見，囚犯總是必須和疾病與壓力對抗。

同類相食

強迫相愛的男女互食對方的瘋狂儀式

當飢餓的痛苦到達極端程度時，人類也會開始吃人肉。日本過去就曾發生這樣的悲劇。江戶時代中期發生的天明大饑饉即出現了人食人的景象，在江戶時代後期醫生橘南谿所著的《東遊記》中有相關描述。一九四四年五月，在北海道目梨郡羅臼町發現的食人事件，通稱為「光苔事件」。這是日本陸軍徵用的船隻在海上遇難，處於寒冬又無糧食極限狀態下的船長，藉由吃掉同伴屍體而存活下來的知名事件。

上述兩件案例都是在極限狀態下，人為了求生存而做出的行為。但在非洲部落，對於通姦者的懲罰就是吃掉他們。

當開始執行懲罰，村中長老宣告判決後，將通姦的男女全身赤裸地綁在柱子上。只允許他們喝濃鹽水。二十四小時後，死刑執行者用匕首或開山刀切下女子胸部一塊肉，塞入男子口中。接下來換切男子的肉，塞入女子口中，強迫他們吃下。

執行者切肉時會避開動脈及維持性命的器官，持續進行拷問。當被害人其中一方先喪命時，剩下來的另一方還是必須繼續吃死者的肉，直到自己也死去為止。

一九三〇年代，在奈及利亞也有食人事件的報告。亞非克・伊度村的埃貝村長，嗜食人肉。他手中握有權力，因此想吃人肉的時候，就會判處罪犯死刑。

愛人的生肉被塞入對方口中，每進行一次都讓雙方更為衰弱。同類相食這種用刑方式很少見，不過其殘虐性卻是超群。

插圖：星惠美子

死刑的方法是將罪犯的手腳與身體綁在一起，背部用帶有鎖鏈的鉤子鉤起，移到火上燒烤。這根本就是烤全人料理。當烤到適當火候，就會將身體切下，分送給埃貝村長及所有村民。據說埃貝村長特別喜愛吃肝臟。

僅限於一小部分地區，曾經出現以「同類相食」（食人）做為處刑方法的報告；而做為國家認可的正式處決方式的記錄則是從來不存在。

搔癢拷問

遊女的笑中帶淚直到暈死過去為止

「搔癢拷問」是在日本極少一部分場合執行的拷問。這種拷問主要使用在遊廓。對於身體就是生意工具的遊女（妓女）而言，身上不能夠留下任何傷疤。因此遊女屋（妓院）主人對於企圖逃跑的遊女，發展出獨特的懲罰方式。

店家人員會讓打算逃走的遊女躺在地板上，綑綁住手腳。然後眾多手持羽毛或毛筆的人圍在四周，不停地搔癢遊女腋下或腳底。雖說是極為單純的懲罰方式，但持續的時間一長，受刑人便會開始覺得呼吸困難，咳

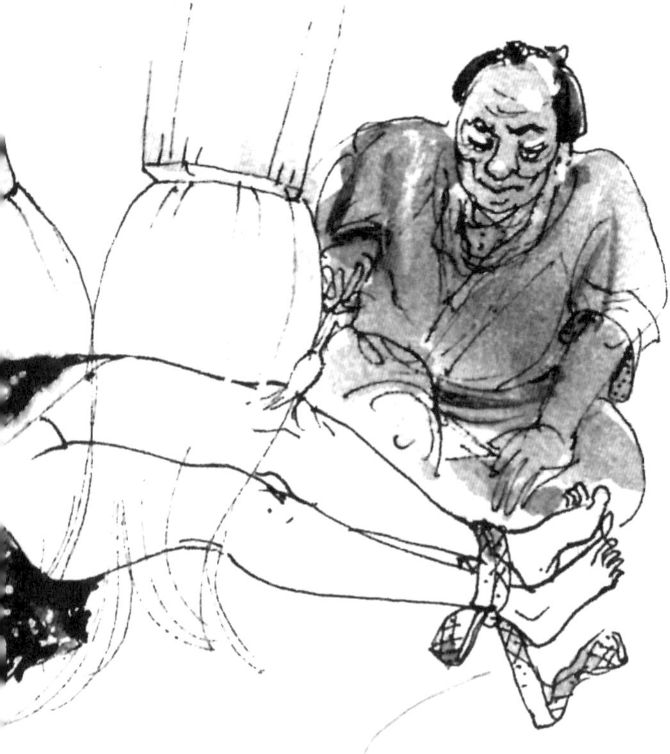

個不停，最後昏死過去。就算失去知覺，也不代表刑罰結束。受刑人會被店家用桶子裝水潑醒，再次重複同樣的處罰。除非遊女本人願意認罪，否則這個刑罰將持續數週以上，實在教人害怕。

在遊廓這種特殊場所，除了搔癢拷問外，也發展出其他的拷問方式。「煙燻拷問」是將犯下罪行的遊女雙手綁在身後，然後燃燒辣椒或韭菜，把冒煙吹向遊女。辣椒所含的辣椒素會造成眼睛疼痛，以及呼吸困難等症狀。不過不會留下後遺症，因此非常適合做為用來對遊女進行的拷問。這種懲罰和搔癢拷問一樣，昏死過去也不代表拷問結束，而是會持續地一再反覆執行。

敏感部位不停被搔癢，剛開始笑中帶淚的遊女，
逐漸也氣若游絲。從旁看來雖是極為滑稽的景象，
但對於懲罰遊女的目的來說，已經十分足夠。

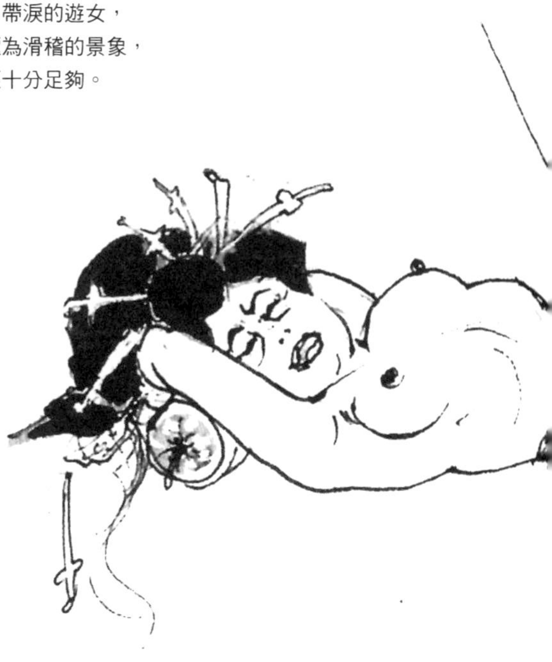

插圖：太井ハルミ

剝奪自由刑

除了呼吸、睡覺，只能空虛度日的時間將永遠持續

歐洲歷史五至九世紀，統治西歐的是法蘭克王國。歐洲從非常古老的時代便存在「剝奪自由刑」。然而，當時的目的只是做為死刑判決時的特赦罷了。受刑人的餘生，都必須在與外界隔絕的狀態下度過。雖然不像死刑會取走性命，但是連自由行動都不被允許，每天只能呼吸、進食，還有睡覺度日。

不過，到了十四世紀，剝奪自由刑確立為更有制度的刑罰。理由是因為隨著都市的發展、發達，最底層居民所造成的治安惡化愈趨嚴重。對於無力支付贖罪金的最底層居民，只好以禁錮刑（剝奪自由刑）來進行懲處。

時序進入十六世紀，《卡洛林納法典》（*Constitutio Carolina Criminalis*）明確訂定對於輕微竊盜犯，須判處有限定時間的拘禁。不過，當時的地牢是光線完全無法進入，既黑暗又潮濕的惡劣環境。官吏們都稱呼牢獄為「洞穴」。即使沒有特別進行拷問，只是加上手銬腳鐐，放置牢中不管，就足以讓犯人的精神與身體都產生異變。這個洞穴，可說是如同存在於現世的地獄一般。

插圖：太井ハルミ

剝奪自由刑，顧名思義受刑人所有的自由都被剝奪的殘酷刑罰。
對受到此刑的犯人來說，在牢獄中度過的時間，已經遠遠超過無聊的等級了。

村八分

遭到村民徹底無視，如同路邊石頭般的待遇

「村八分」這種私刑，是過去共同生活體的自我防衛手段之一，現在已經不復存在。制裁的對象是不遵守村莊規定的人。

所謂的八分，指的是共同生活中結婚、生產、探病等八種重要事項，剩下的二分是火災與喪葬，被判處村八分的人，除了這兩項，其他事情發生時都不會獲得村民的任何協助。剩下的二分，也是因為發生火災時有可能延燒到其他人家造成困擾，協助喪葬則是避免傳染病之類的惡疾散播出去……完全是基

於不安而去看看狀況罷了，絕對不是因為關心被判處村八分的對象。

一旦被共同生活體逐出團體，對其他村民來說，就如同路旁的石子一般，不僅不會與其交談，就連瞧也不瞧一眼。生病了不會有人來探病，田裡的工作不會有人來幫忙，生孩子也不會有人來祝賀。在孤立無援的狀態下，想必沒有辦法好好地生活。

在小型社群內團體意識強烈的時代，攪亂村莊和平者的存在本身就是個威脅，是全體村民的共同敵人。麻煩製造者會被處以村八分當隱形人視而不見，甚至有可能會遭受群體的暴力霸凌。

現代人的人際關係較過去淡薄，村八分似乎已經是過去的事情，但仍有部分地區將這種根深柢固的風俗保留下來。不光如此，實際上還有遭受村八分待遇的當事人向法院提出告訴的事件。

在兵庫縣戶數只有七戶的小山村裡，因為小學是否要整合廢校的問題，村裡的總代表和反對派的領導者產生對立。總代表將對方處以村八分，利用公職身分，所有的活動聯絡及行政服務都完全不予處理。遭到村八分的當事人雖然提起訴訟，但據說之後的情況還是沒有改善。即使到了現代，地區性的封建色彩還是相當濃厚。

對於破壞共同生活體規則的人，處以村八分制裁。在村莊這個小型社會受到孤立，想必對日常生活會造成嚴重的影響。

插圖：太井ハルミ

專欄 ③

一般人將處刑視為娛樂消遣的時代

一場名爲處刑的低級嗜好「表演」

只要是人，或多或少都有想要看到恐怖事物的心理，但如果那是殘酷至極的處刑場景，又會做何感想呢？這幅只是想像就會讓人不寒而慄的情景，卻曾有過一般市井小民將其視為「最佳娛樂活動」的時代。

從將處刑當作公開展示活動的這個角度來看，論低級嗜好的程度與規模之盛大，大概沒有比古代羅馬更為熱衷了。

當時在羅馬有五個競技場，幾乎每天都上演名為處刑的「表演」。其中最常見的是動物刑，將奴隸或罪犯關入競技場中，以猛獸為對手，進行一場又一場毫無勝算的戰鬥。猛獸的種類有獅子、老虎、大象、犀牛、熊、鱷魚等。

古羅馬競技場中的人獸鬥。

這一場由國家免費招待觀眾達數萬人入場的活動，投入的經費甚至最高曾占據國家預算的三分之一。

資料來源：amana images

為了讓猛獸更加亢奮，事先使其習慣人肉滋味，或者故意讓其處於壓力極大的環境，也是重要的準備工作。有時甚至會在下場前故意弄傷罪犯，讓血腥味刺激猛獸大發獸性。與猛獸對峙的罪犯，即使滿場四處逃竄，最終還是難逃手腳被咬斷、內臟被刨出啃食、如同破爛廢棄物一般被蹂躪至死的命運。

像這樣由國家主辦，極盡殘虐之能事的表演，得到當時庶民階層狂熱的支持，為了「不讓觀眾感到無聊」，表演的內容也愈形激烈。比方說以數隻猛犬取代猛獸闖入競技場，將罪犯慢慢折磨至死的方法正是其中之一。

如果對人獸搏鬥已經感到厭煩，那就改為舉辦以希臘神話為題材的戲劇表演。當然，這不會是一般的舞臺劇。當劇中人物來到絕命的場景，演員本身也必須依照劇本死在場上。死法有從高處摔落、烈火焚身、斷肢等各種悽慘的方式，於是在劇情走向高潮時，場上經常充斥著死者可悲的哀嚎，以及來自觀眾的震耳歡呼。

一七二四年於倫敦執行盜賊傑克・雪柏德（Jack Sheppard）處刑的景象。不斷反覆犯下強盜和逃獄罪行的傑克，受到低層民眾的喜愛，最後在二十萬人以上的廣大觀眾面前，結束生命。

資料來源：amana images

像這樣的殘虐演出，一直持續到最後一位羅馬皇帝霍諾留（Honorius）才下令禁止。

到了中世紀，處刑仍舊是庶民階層的娛樂。在當時的歐洲，人們依循基督教的教義，生活中充滿了各種不同的規定與限制。觀賞處刑，是少數的娛樂之一，也是庶民階層釋放壓力的管道。

在各種處刑方法中，要屬解體刑最為悽慘至極。此刑會將罪犯的身體一點一點切下，或是開膛剖腹。通常會先將罪犯的聲帶切除後再行刑，但有些偏好低俗的處刑者，以「就是這個慘叫聲才是極品」為由，沒有切除聲帶就開始行刑。

曾經有在解體刑現場的參觀者留下證言，提到罪犯體內噴出的血液，將他全身上下都染成了鮮紅色。

十七世紀的倫敦，以日常生活中時時可見處刑而著名。市街上設置了無數的絞刑臺和示眾臺，從小孩子到大人，每天都有罪犯因為各種罪名而遭到處刑。

參觀死刑成為庶民階層隨處可見的娛樂活動之一，朝著罪犯咒罵或投擲汙物的情景更是經常可見，對於堂堂正正面對死亡的罪犯甚至會報以讚揚的呼聲。因為對政府嘲諷而遭受示眾刑的作家丹尼爾．笛福（Daniel Defoe），其不屈的態度受到庶民的支持，傳說甚至有群眾對他投擲花朵。

將處刑視為公開活動及娛樂的心理，對現代人而言相當難以置信。然而，對於當時受到政府壓抑及戒律過多的生活所束縛的人們來說，參觀處刑是不花錢的最佳娛樂活動。

再者，人類內心深處多少存在嗜虐心理及暴力衝動也是事實，在這樣特殊的狀況之下，深層心理有時難免不禁展現於外。如果不能理解這點，而逕行批判中世紀的人們，也是有欠公允。

第四章

世界殘酷刑具收藏

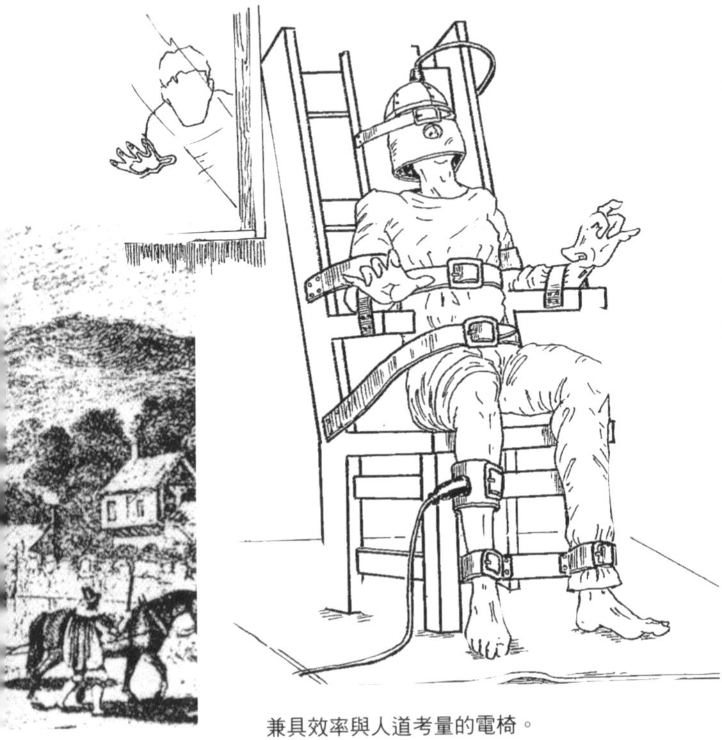

兼具效率與人道考量的電椅。
然而，看著死刑犯在眼前冒煙燒焦的樣子，是否仍能維持效率與人道的看法呢？

世界殘酷刑具收藏

由長久的痛苦，到安詳的死亡

由投擲石塊開始的處刑與拷問之歷史，隨著技術的進步與人們的想像力而不斷展開新頁。與此同時，新的刑具也跟著問世。

使用植物纖維編織而成的繩索。

藉由金屬加工技術製造的刀劍。

將這些材料與木材結合，就產生了拷問臺及絞刑臺。

犯罪者，理應承受更大的痛苦——

隨著刑具的進化，刑罰執行者的殘忍冷酷也變得愈來愈嚴重。對異端與女巫揮下的鐵鎚、對重刑犯應有的懲罰，打著正義的旗幟，做的卻是明顯過分的虐待。然而，一旦

一再更新處決拷問歷史的各式刑具

Figura V.
Latus IV.
Entwurff der Anlegung der Schraubstiefeln.
D
A
B
C
K
H
G
Erklärung der Buchstaben.
A. Der auf einem Stuhl H. sitzende Inquisit.
B. Der Scharfrichter, welcher mit der linken Hand den Fuß des Inquisiten haltet, mit der rech aber den Schraubenschlüssel umdrehet, und dadurch die beyden Theile der Schraubstiefeln ane ander ziehet.
C. Der neben der linken Seiten des Scharfrichters knieende, und dem Inquisiten seinen rechten F in der Lage haltende Knecht.
D. Der hinter dem Inquisiten stehende Knecht, welcher demselben die beyden Hände auf der Br kreuzweis zusammen haltet.
E. Der Ort, wo die Anlegung des oberen Eisens, so einen starken Mannszoll tief unter der Kn scheiben geschehen muß, weil ansonsten, sofern das Eisen an der Kniescheiben zu liegen komm das Band der Kniescheiben, oder Ligamentum patelæ gedrucket würde, wodurch die Articulat des Knies selbsten Gewalt leidete, folglich eine Extravasation in der Höhle der Knie, Articular entstände, wodurch eine Steiffigkeit, oder Anchylosis erfolgete.
F. Der Ort oberhalb dem Knöchel, wo das End der Eisen aufzuliegen kommet.
G. Eine halbe Ellen hohes Schammerl, worauf die beyden Füsse des Inquisiten vorwärts gerad a gestreckter mit den Fersen aufzuliegen kommen.
H. Ein Lehnstuhl, so eine Ellen hoch ist.
K. Die beyden Hände des Inquisiten, so von dem ruckwärts stehenden Knecht D. zusammen gehal werden.

以施加痛苦於受刑人為目的的拷問刑具，雖然隨著時代的不同，而有外形的變化，但不變的是其殘虐性質。

以斧頭刀劍執行的斬首刑，因斷頭臺的發明而臻完成。上圖為斷頭臺的前身，將斧頭落下的斬首臺。

提出反對意見，自己也將成為受虐對象，因此只有極少數人膽敢提出異議。

另一方面，也有人積極發明使用於刑罰的器具，企圖藉此得到名譽及獎賞。如劍山一般的椅子、外形像是公牛的人類烤箱等，滿是瘋狂的各式刑具，透過這些惡魔發明家之手，來到這個世上。

經過長久的噩夢時代，人們終於開始對過去這些可以稱為異常的殘酷刑罰產生懷疑。於是人道考量的處刑器具「斷頭臺」得以問世，受刑人終於能夠迎接安詳的死亡。

至於拷問的部分，刑具更加俐落，重視效率與效果。只不過，執行拷問者所表現出來的殘虐性，似乎仍然與古早時代相同。

斷頭臺

瞬間將死刑犯首級斬落的跨世紀發明

史上最知名，而且也是血腥味最重的刑具，就屬斷頭臺了。這種在十八世紀法國誕生的斬首專用刑具，可說是遠較以斧頭、刀劍執行死刑方式優秀的「發明品」。

當時的劊子手抱怨以刀劍執行死刑非常不便，因此法國的國民議會便委託著名的外科醫師路易博士（Antoine Louis）研發斬首器械。博士所研發出來的器械，就是後來斷頭臺的原型。因此，初期的斷頭臺被稱為「路易塞特」（Louisette）或「路易松」（Louison）等，與路易博士相關之名。

到了十八世紀末期，有一個人提倡應該不問罪犯身分，一律使用這種器械執行死刑。他就是約瑟夫·伊尼亞斯·吉約丹（Joseph-Ignace Guillotin）——也就是後來法文斷頭臺（Guillotine）的來源。過去屬於貴族特權的「痛快的死亡」，因為吉約丹的爭取，終於也適用於一般市民。

斷頭臺第一次啜飲人血是在一七九二年。第一個受刑人是身分低下，位於最底層

斷頭臺的特徵是三角型的刀刃，是當時斷頭機的最新款式。與斧頭、刀劍的斬首刑不同，受刑人的痛苦可以控制在最小限度內，以這層意義來說，可以說真的是「人道」的處刑方式。

的強盜殺人犯。

隔年，如法國國王路易十六、皇后瑪麗・安東尼（Marie Antoinette）等，以革命之名，這些身分高貴者陸續被送上斷頭臺。經過審判到處刑為止的這段期間，法國大革命的犧牲者大多會先收監於中世紀建築的巴黎古監獄。換句話說，這裡就是等候處決的地方。

那麼，斷頭臺的威力到底有多大呢？從法國以外的國家也都引進斷頭臺，就可以證明這是一部多麼優秀的器械。既不需要像刀劍一般常要研磨刀刃，也不會多次失敗帶給罪犯額外的痛苦。

不過，令人在意的是，聽說瞬間切斷首級時，頭部還可以保有意識數分鐘。看著自己身首分家的身體，當事人心裡這時是什麼樣的想法呢……

蘇格蘭處女

斷頭臺引為參考的斷頭機

為近代斬首帶來革命的斷頭臺，其藉由掉落的刀刃砍下首級的裝置，其實在之前就已經存在了。英國北部都市哈利法克斯所使用的斷頭機，可以看出已具備斷頭臺的雛型。這種稱為「哈利法克斯刑架」（Halifax Gibbet）的裝置，在兩根木柱中間，讓裝有利斧的木塊上下活動。當利斧快速落下時，罪犯的腦袋就會瞬間猛力地向前滾去，據說甚至會滾到處刑場附近的行人腳邊。蘇格蘭的莫頓（Morton）伯爵注意到這個高效率的裝置，便仿造了一臺。構造和哈利法克斯刑架非常相似，在兩根柱子的上端裝設既重且銳利的刀刃，下方的兩根橫木則用來固定受刑人的頸部。處刑時，拉開綁在固定刀刃的釘子上的繩結，下一瞬間受刑人的首級就飛出去……這座替蘇格蘭的處刑史增添新頁的斬首機器，稱為「蘇格蘭處女」（Scottish Maiden）。

這個裝置開始被頻繁使用是在引進後約一個世紀半，也就是十四世紀後半到十五世紀末期。諷刺的是，在高達一二〇人以上的犧牲者中，將這套裝置引進自國的始作俑者莫頓伯爵也名列其中。

最後一個被這位處女擁抱的犧牲者是在一六六一年，被指控叛國罪的侯爵之子，第九代阿蓋爾公爵（Duke of Argyll）。他被處刑之際，說了：「在我親吻過的處女中，這位是最美麗的」諷刺話語後，登上斷頭臺。

取代劊子手，在英國與義大利、德國執行斬首死刑的器械，在蘇格蘭更加進化。確實帶來死亡的美麗處女，成為將法國大革命染上鮮血的斷頭臺參考樣式，邀請數以千計的人邁向「痛快」的死亡。

斷頭機是斷頭臺的前身，兩者基本構造並無太大差異。
只是將以往斧頭落下的裝置，換成銳利的刀刃，
便完成了非常顯著的進化。

鐵處女

緊緊擁抱犧牲者，滿身鮮血的處女

世上最知名的處刑器具是斷頭臺，而最惡名昭彰的拷問器具就是鐵處女。酷愛浸泡在少女鮮血中的外西凡尼亞（Transylvania）伯爵夫人伊莉莎白・巴托里（Elizabeth Báthory），據說就相當愛用這種器具。

在德國紐倫堡（Nürnberg）發現的鐵處女，外形既不像是女性的立像，也不像是靈柩，乍看之下並不會認為是刑具。然而，將正面對開的門扉打開後，內側卻是布滿了尖針。被關進這個人像裡的人，會被上百根的鋼針同時刺穿兩眼及全身。尖針的配置巧妙地避開致命傷的部位——頸動脈和心臟不會被刺傷，因此受刑人並不會立即死亡。只能一邊忍受襲擊全身的痛苦，一邊等待遲早到來的死亡。

人像底部是個空洞，受刑人流出的鮮血會直接滴落，當受刑人死亡後，屍體則會掉落水中。

在西班牙找到一個外形與紐倫堡發現的人像不同，是以聖母瑪利亞為形象設計的類似品。這個人像裝有雙臂，可動的結構設計能夠用來抱緊受刑人。懷抱在聖母胸中的受刑人，會被設置在頭部的尖針刺穿雙眼，挖出心臟而當場斃命。就算一息尚存，也會用其驚人的力量持續抱緊受刑人，奪去性命。

知名的鐵處女雖然是代表中世紀歐洲的刑具，但實際上是否真的曾經使用過尚有疑問。因為被尖針貫穿的受刑人，是如何自行掉落水中呢？實在啟人疑竇。另外，還有一種說法是，本來內側並沒有裝設尖針，而是做為執行剝奪名譽刑的一部分。

Nürnberg, Eiserne Jungfrau.

正面對開狀態的鐵製人像。

受刑人被迫關進人像裡，接受暗藏尖針處女的緊緊擁抱，最後慢慢地死去。

肢刑架

將關節拆開、肌腱撕裂的拷問臺威力

「肢刑架」是一種用來將人的四肢朝水平方向拉伸，施加痛苦的拷問臺。除了禁止拷問的國家外，諸如古希臘、法國、西班牙、義大利等國，都曾使用肢刑架進行拷問。這種又被稱為拉伸機的裝置，外形看似長方形的床架。古時候的設計是將重物掛在罪犯腳上，用來拉伸綑綁住的雙臂。隨著時代進步，器具的設計也有所變化。比方說，利用圓木或是滾輪將罪犯四肢拉伸到極限的方式；床架的高度可以調整；背部接觸的部位打上釘子等。肢刑架的每次進化，都原封不動地轉化成痛苦的程度，直接反應在罪犯身上。

十六世紀的《殉道者名錄》（*Foxe's Book of Martyrs*）書中，記載其中一位殉道者聖昆丁受到肢刑架拷問的情景。根據書上記載，他的手腳被滑輪拉伸造成關節脫臼，再加上鞭子抽打、澆淋熱油等手段折磨。躺在架上的罪犯，手腳被綁，毫無反抗能力。不只是聖昆丁的案例，在受到拉伸拷問的過程中，再施予更為殘酷拷問的例子絕不稀奇。在獵巫時代，曾經留有某個女性同時受到拉伸拷問及水刑拷問的記載。

當然，只憑拉伸拷問就已經有十足的成效。綁住手腳的繩索陷入皮膚裡而噴出鮮血，終至深入骨頭時，罪犯不是失去知覺，就是發出彷彿不像人類的淒厲慘叫。肩膀、手臂、腳踝的關節接連脫臼，四肢異常伸長到極限。如果有人能夠耐住如此殘酷的拷問後獲釋，那一定是具備了異於常人的強韌身心。但不論如何，身體或多或少都一定會留下後遺症。

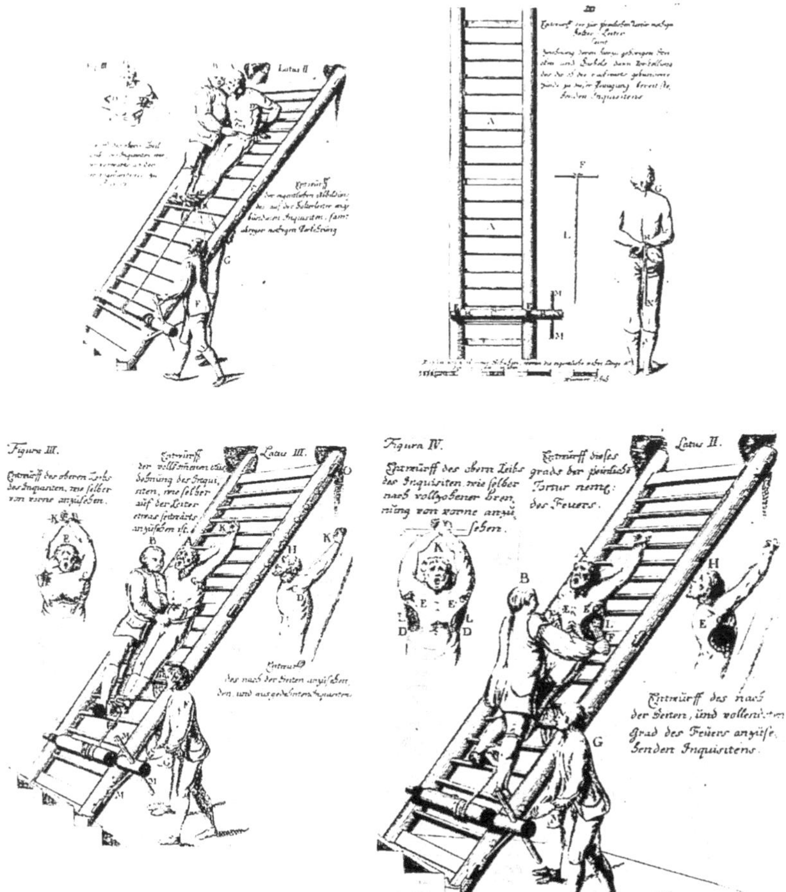

名為「澳大利亞式梯子」的拷問裝置。
將半裸的罪犯綁在傾斜立起的梯子上，將肩膀向上拉，直到肩膀脫臼。
有時還會使用火燄燒灼腋下，或是用燒熱的烙鐵按壓在身上。

清道夫的女兒

方便攜帶且兼具效果的鐵箍刑具

這個奇特名稱源自這種器具的發明者，倫敦塔副官李奧納多．凱斯文頓（Leonard Skevington）爵士。這種器具和藉由拉伸手腳進行拷問的肢刑架正好相反，是以緊縮身體為目的的發明。與肢刑架相較，體積非常小，可以隨身攜帶至任何地點，十分受到當時的拷問官好評。

清道夫的女兒刑具有兩種，一種是外形看起來像是鑰匙孔圈狀的器具。行刑時會先讓罪犯跪坐在下側的鐵環部分，雙手折放胸前，將頭部下壓至夾在兩膝之間後圈住，此時罪犯的身體看起來就像是折了三折般地圈在鐵環裡，然後再將鐵環上端用螺絲鎖緊。

這種跪坐、雙手折放、頭部靠在膝上的不正常窘迫姿勢，將身體逼壓到極限，可以想像這個器具能夠發揮多大的拷問成效！這種手段甚至比肢刑架更為殘酷且強烈。

跪坐的姿勢讓罪犯腹部、腿部和小腿肚相互擠迫受壓，各部位都傳來快要迸裂的激烈疼痛。手腳的指甲也因為壓迫的關係，滲出血來，最後肺部也遭壓潰，由鼻子和口中流出鮮血。如果再施加更強力道，據說連胸部的骨頭都會碎裂。以其威力而言，用來對付不肯招供的罪犯似乎有點大材小用了。

另一種清道夫的女兒刑具，是如次頁圖所示呈A型結構的器具。行刑時，罪犯頭部套進A型結構頂端，雙手銬在中間鐵環，雙腿則是彎折後銬進下端鐵環中，此時罪犯的身體會呈蜷縮狀。同樣也是透過擠壓罪犯身體，逼迫其招供。

壓迫身體的拷問效果，並不讓英國的官員專美於前。古印度有用繩子將頭部和雙腳綁在一起，稱為「阿努達」的拷問。土耳其則發明出將女性乳房緊緊勒住的裝置。

以最低限度的空間和人力，施予受刑人最大程度痛苦的「清道夫的女兒」，後來遠超過發明者當時的想像，成為英國拷問史上重要的跨時代發明。

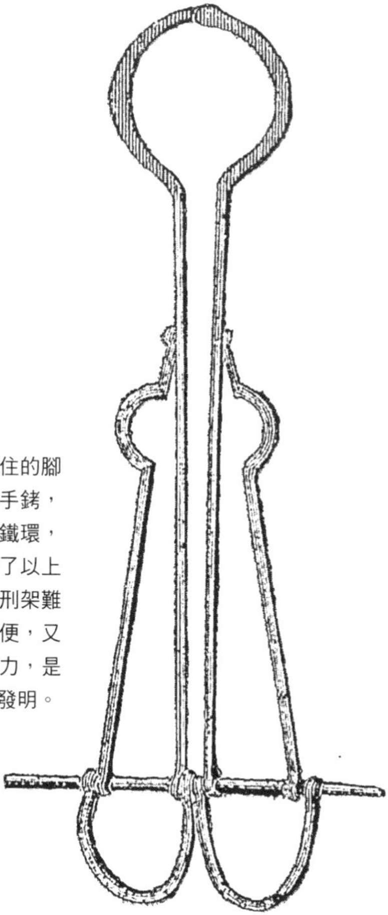

將雙腳折彎後箍住的腳鐐，固定雙手的手銬，以及固定頭部的鐵環，一項器具就具備了以上功能。既沒有肢刑架難以隨身攜帶的不便，又能發揮充分的威力，是兩者兼備的優秀發明。

頸手枷

惹人嫌惡者就該給他難以忍受的恥辱及輕蔑

在沒有電視與報紙的時代，要將被排除於社會與社群之外的人打為「眾所唾棄者」的手段，就是將其直接展示於公眾面前。不過，示眾刑一般不會是單獨執行的刑罰，大多是做為附加刑。

雖然也有讓罪犯坐在地上地綁在柱子上的方式，但在中世紀的歐洲，示眾臺經常被派上用場，稱為「頸手枷」的木製枷鎖的示眾臺即為其中之一，將罪犯頭部及雙手穿過木板上的開口夾住固定即可。類似的設計還有可以固定雙腳的「腳枷」示眾臺。義大利、英國及西班牙的各個都市，都可見到設置於廣場的牆壁，或是位置稍高場所的示眾臺。

會遭到判處示眾刑的罪行，有賭博、詐欺、批評教會、私通等不一而足。犯下這些罪行者會被送上示眾臺，任由群眾圍觀看個夠。大部分的罪犯都會被嘲笑和侮蔑的罵聲淹沒，有時甚至還會被丟石頭、潑灑糞尿。此外，有人還會被毆打踢踹至重傷，也有人手腳的一部分遭到切斷，罪犯除了肉體上的疼痛之外，同時也感受到自己曝露在危險中的恐懼。

如果是多名罪犯一起示眾，或是罪犯是女性的情形，那就更加受到群眾歡迎了。然而，女性罪犯受到盛大歡迎的現象，並非只限於示眾刑就是了。而當有多名罪犯一起示眾時，會準備一個上面挖有與人數相同數量孔洞的長木板。

十八世紀執行的頸手枷示眾刑。罪犯是作家丹尼爾·笛福，他因為諷刺政府的罪名，以此姿態展示在大眾面前。不過，因為有許多民眾贊同他的作為，投向他的不是小石頭或汙物，而是大量的花朵。或許窘迫姿勢帶來的痛苦，也會因此而稍微感到舒緩些吧。

再回頭來談頸手枷，這個將頭部固定的構造，曾經發生悲劇。曾有身高較矮的罪犯被處以示眾刑時，整個人就像上吊似地懸掛在上面，導致窒息而喪命……這是有留下記載的真實事件。雖然遭遇讓人同情，不過與其被民眾欺侮至死，說不定反而是比較好的下場。

鐵柵欄

在狹小柵欄中，遭受大自然力量與好奇視線所折磨

這裡提到的柵欄，並非單純只是用來關押罪犯的工具。十四世紀歐洲隨處可見的柵欄，是用來懲罰犯下輕罪者的示眾用吊式柵欄。有時會和野貓關在同一個柵欄裡，再用火逼近刺激野貓發狂，接著遠眺欣賞罪犯閃躲逃避野貓攻擊……以這樣的低級凌虐作樂。

懸吊柵欄的場所，以城牆或聖堂的牆壁、廣場的一角等場所為主。高吊在離地數公尺處，對柵欄中的罪犯還算是幸運，至少過路行人充滿惡意的譏笑聲，以及這些人丟擲的石頭，都無法傳到他身上。不過，不管柵欄在多麼高的位置，仍然無法抵擋大自然的威脅。照射在身上的陽光、強烈的風雨，都足以消耗罪犯的體力。為了能盡可能延長在眾人面前展示的時間，有時會提供最低限度的食物及飲水，但不管怎麼樣，飢餓與乾渴的折磨是免不了的。此外，大部分的柵欄空間只足夠罪犯維持站姿，連好好睡一覺都不被允許。以這樣的狀態，罪犯不到數日就會開始意識模糊，進而死去，即便如此仍會繼續放置不管。當罪犯化為白骨，人們發覺自柵欄落下的骨頭碎片，才知道罪犯已經喪命……據說過往確實有這樣的案例。

後來柵欄在歐洲也一直受到重視，並透過不斷研發改進，盡量增加罪犯的痛苦。在義大利威尼斯可見到的「吊籠」，是將頭部以外的全部身體罩住，兩隻腳分別伸入左右分開的柵欄，形成怪異的姿勢。這種讓罪犯無法動彈的吊籠，最後衍生出稱為「吉貝特吊籠」（參考二一四頁）的刑具。

吊掛在俯瞰海洋的高臺上的鐵柵欄。
遭到公開示眾的犯人是海賊，
之所以被判處剝奪名譽的刑罰，
主要在於警告其他海賊。

資料來源：amana images

苦刑梨

專找洞鑽的惡魔果實

這件器具外表裝飾華美、形狀像顆梨子，看起來就像是個精美的裝飾品，但它卻是件不折不扣的拷問刑具。梨子般的外形讓它有「苦刑梨」（也稱痛苦之梨）這個名稱。大約十五公分，手掌一般的尺寸，旋轉頂部把手後，圓弧鐵片會擴張開來。內部裝設了前端尖銳如錐子一般的鑽頭，這個部分就是造成罪犯或嫌疑犯「痛苦」的原因了。

這種拷問器具的使用部位，如果是男性，以口腔或是肛門為主，女性則是用於陰道。

不管施用在什麼部位，都先以閉合梨形的狀態扭轉塞入器官，接著轉動把手使器具張開。如此一來，器官會由內側遭到撕裂，形成再也無法恢復的重傷。包藏在梨形內部的尖錐會深入破壞器官的內側。插入肛門會傷害到大腸，插入陰道會將子宮口附近破壞。不論是男女罪犯，受到此刑就等於是宣告最重要的器官之一「死刑」了。這種殘酷刑具的特徵是，自體內拔出來後，受刑人外表完全看不出曾經受過拷問的痕跡。受到器具傷害的僅限於身體內部，插入的腔口完全不會留下傷痕。

受到苦刑梨拷問的對象，像是異端的聖職者、同性戀男性、與惡魔發生肉體關係的女性等。冒瀆神者之口、與惡魔交歡的女性的陰道……依照不同的罪狀而將苦刑梨插入相對應的器官，也是屬於同態復仇刑罰的一種。

近代初期的歐洲廣泛使用的苦刑梨，除了去掉不必要的裝飾外，基本形體大致不變。凌虐生殖器的方法有很多種，但要能夠不留下拷問痕跡，同時效果奇佳的器具，正是苦刑梨流傳久遠的理由。

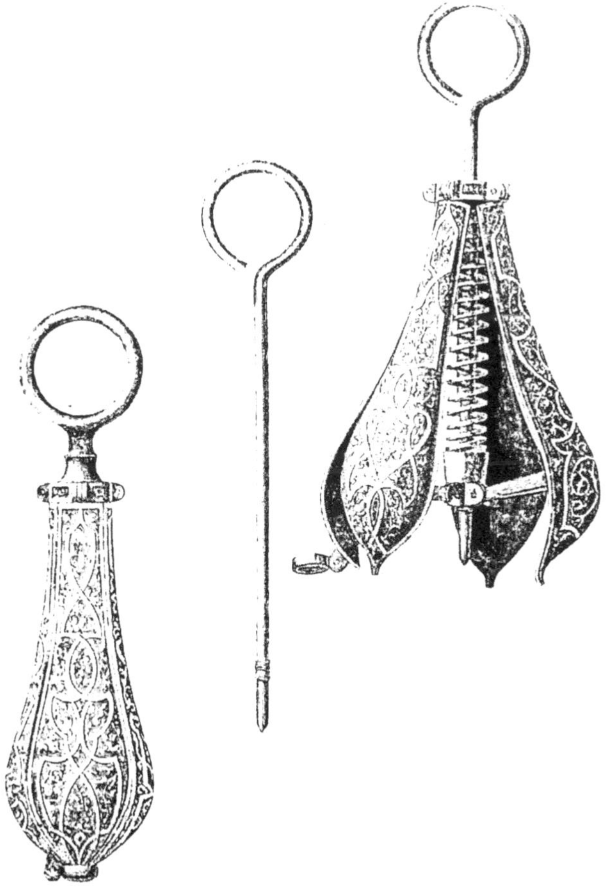

陰道施以酷刑之際，會選擇相較用於口腔和肛門的尺寸更大的苦刑梨。
上圖為器具的展開圖，可以看出展開或閉合時的根部尺寸並無多大變化，因此並不會對器官的入口造成傷害。

西班牙長靴

讓骨頭碎裂、皮膚燒灼的拷問用長靴

德國和蘇格蘭廣泛使用的「長靴」，是專門用來凌虐膝蓋以下部位的器具。這種形狀看起來像是護脛的器具，有木製和鐵製兩種材質。長靴的內側有凸起或刻痕，包夾於坐在椅子上的嫌疑犯膝蓋下方。只要旋緊螺絲，嫌疑犯的膝蓋就會發出喀啦喀啦的聲響，最後腿部骨頭完全碎裂。有時為了增加受刑人的痛苦，會從隙縫釘入楔子，或是敲打長靴外側。為免嫌疑犯的感覺麻痺，還會故意反覆旋緊或放鬆螺絲。

這種拷問長靴在西班牙稱為「西班牙長靴」，材質是鐵製的，與前述的旋緊方式不同，而是利用難以忍受的高熱來折磨嫌疑犯的器具。除了將長靴以火烤加熱外，也有使用熱水或熱油澆注的方法。赤裸的雙腳被燒燙得慘不忍睹，發出滋滋的聲響，空氣中瀰漫肌肉燒焦的氣味。即使想自恐懼與痛苦中逃離，無奈嫌疑犯的上半身被拷問官牢牢固定住，一切都只是徒勞無功。

和這種器具相似的，還有蘇格蘭的「凱西羅」這種拷問器具，其名稱為古法語「溫暖的襪子」之意。先將器具放進窯中燒熱，套上嫌疑犯的雙腳後用螺絲旋緊。而西班牙也有同樣以螺絲旋緊方式的長靴。

想像中嫌疑犯受高熱折磨的傷害程度似乎較為嚴重，但實際上用螺絲旋緊的方式反而帶來更大的痛苦，因為強大的壓力會造成腳部碎裂骨折。那種劇烈疼痛，想必悽慘到幾乎無法用言語來形容。

Figura V. Latus IV.

Entwurff der Anlegung der Schraubstiefeln.

Erklärung der Buchstaben.

A. Der auf einem Stuhl H. sitzende Inquisit.
B. Der Scharfrichter, welcher mit der linken Hand den Fuß des Inquisiten haltet, mit der rechten aber den Schraubenschlüssel umdrehet, und dadurch die beyden Theile der Schraubstiefeln aneinander ziehet.
C. Der neben der linken Seiten des Scharfrichters kniende, und dem Inquisiten seinen rechten Fuß in der Lage haltende Knecht.
D. Der hinter dem Inquisiten stehende Knecht, welcher demselben die beyden Hände auf der Brust kreuzweis zusammen haltet.
E. Der Ort, wo die Anlegung des oberen Eisens, so einen starken Mannszoll tief unter der Kniescheiben geschehen muß, weil ansonsten, sofern das Eisen an der Kniescheiben zu liegen kommet, das Band der Kniescheiben, oder Ligamentum patelæ gedrucket würde, wodurch die Articulation des Knies selbsten Gewalt leidete, folglich eine Extravasation in der Höhle der Knie-Articulation entstände, wodurch eine Steiffigkeit, oder Anchylosis erfolgete.
F. Der Ort oberhalb dem Knöchel, wo das End der Eisen aufzuliegen kommet.
G. Eine halbe Ellen hohes Schammerl, worauf die beyden Füsse des Inquisiten vorwärts gerad ausgestreckter mit den Fersen aufzuliegen kommen.
H. Ein Lehnstuhl, so eine Ellen hoch ist.
K. Die beyden Hände des Inquisiten, so von dem ruckwärts stehenden Knecht D. zusammen gehalten werden.

十八世紀在奧地利頒布的《特蕾西亞刑法典》（*Constitutio Criminalis Theresiana*）中，所見的「西班牙長靴」拷問情景。拷問官將螺絲旋緊，企圖將嫌疑犯的膝蓋壓碎。

口鉗

封住聒噪潑婦嘴巴的難堪刑具

十七至十八世紀的英國，有一種只使用於女性身上的奇特刑具——「口鉗」（Scold's Bridle，也稱布蘭克斯〔Branks〕）。基本構造是套在頭部的鐵框，加上帶有尖刺的凸起或做成舌形的鐵片。

器具的設計十分多樣，但被迫帶上口鉗的都是具有相似性格的女性——任性無理、易怒、口無遮攔，絕對稱不上謹言慎行的女性。要讓這種女人安靜下來，只能用口鉗這個手段。

頭上戴著口鉗的女人，得要一邊承受器具的重量，一邊走在人來人往的街道上示眾。只要企圖開口說話，凸出的鐵片就會傷到舌頭，不斷流出鮮血。如果示眾的地點在廣場，有時會受到民眾暴力相對，甚至連乳房都會被攻擊。畢竟是女性受刑人，路人不會只是怒罵嘲笑幾句就輕易放過。

使用這種刑具的時代，對女性而言是不幸的時代。女性在家中的待遇幾乎等於半個奴隸，不被允許發表自己的主張或意見。社會制度本身就蔑視女性，只要膽敢和男性對立，最後就會成為封口刑罰的對象。

戴上口鉗在眾人面前展示就已經是個屈辱，其中還有以驢或豬為造形設計的器具，使女性受到更深的侮蔑。當時驢被視為不成材的馬，而豬則是不潔的動物。因此，戴上這些造形口鉗的意義，就是對女性的直接侮辱。但戴上口鉗使其閉嘴的刑罰，並不只是女人「特權」，出言批評體制的男人也會遭處此刑。但他們使用的口鉗大多數的造形更為單純。這種男性享盡禮遇的社會氛圍，在這器具形式上也表露無遺。

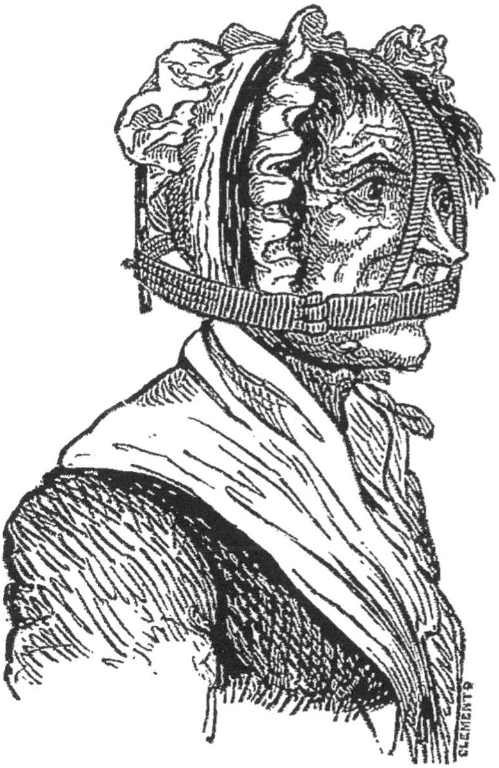

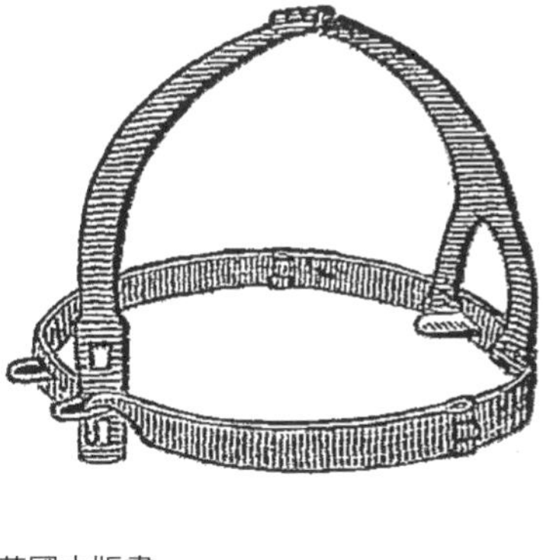

描繪戴上口鉗女人的英國木版畫。

戴上頭部時，先要將項圈左右張開，拉起頭部後方的箍鐵，由官差把凸出的鐵片或鐵舌塞入女人口中。然後，將項圈的後方裝好、把箍鐵放下，並固定住項圈。如此一來，再怎麼出言不遜的女人，也不得不閉上嘴了。

貞操帶

徹底守住愛人貞操的裝飾品

中世紀歐洲發明了許多刑具，其中「貞操帶」是較為獨特的一種。這種造形奇特的配件，是由金屬製的環帶和折彎的鐵板所構成，鐵板上還開了兩個孔洞。

貞操帶顧名思義，就是為了防範女性不貞而發明的器具。據說原本是十字軍的士兵們為了在遠征之際，不讓妻子趁機出軌，才開始讓妻子穿戴貞操帶。貞操帶上裝有鎖頭，鑰匙由丈夫保管，妻子無法自行取下。萬一有男子想要對士兵妻子出手，孔洞周圍尺寸剛好的細小鋸齒也會發揮阻擋功能，不讓其得手。

但不少研究懷疑這種說法的可信度。鐵製的環帶和鐵板會弄傷穿戴者的肌膚，更何況連續穿戴數日實在太不衛生。此外，貞操帶在構造上，以男性的力道是足以強行拉開的。那麼，貞操帶到底是為了什麼目的而製造的呢？其中一種說法是女性在外出長途旅行時，做為保護自己的手段。似乎很有道理，但這和防止外遇的說法一樣，只要貞操帶被破壞就沒有意義了。最有力的說法是做為拷問工具使用。因為通姦或人獸交的罪名被問罪的女性，就令其穿戴貞操帶，折磨特定部位以做懲罰。鐵器磨擦肌膚造成的不舒服感，以及累積在鐵板內的毒物所帶來的痛苦，如果是以拷問為目的，就能理解為何如此設計了。

現存的貞操帶大多收藏於法國、英國及西班牙等國的博物館。如今是疾呼男女平等的時代，貞操帶已經無用武之地，但如果伴侶的個性較為奔放，相信多少能夠理解十字軍士兵當時的心情吧。

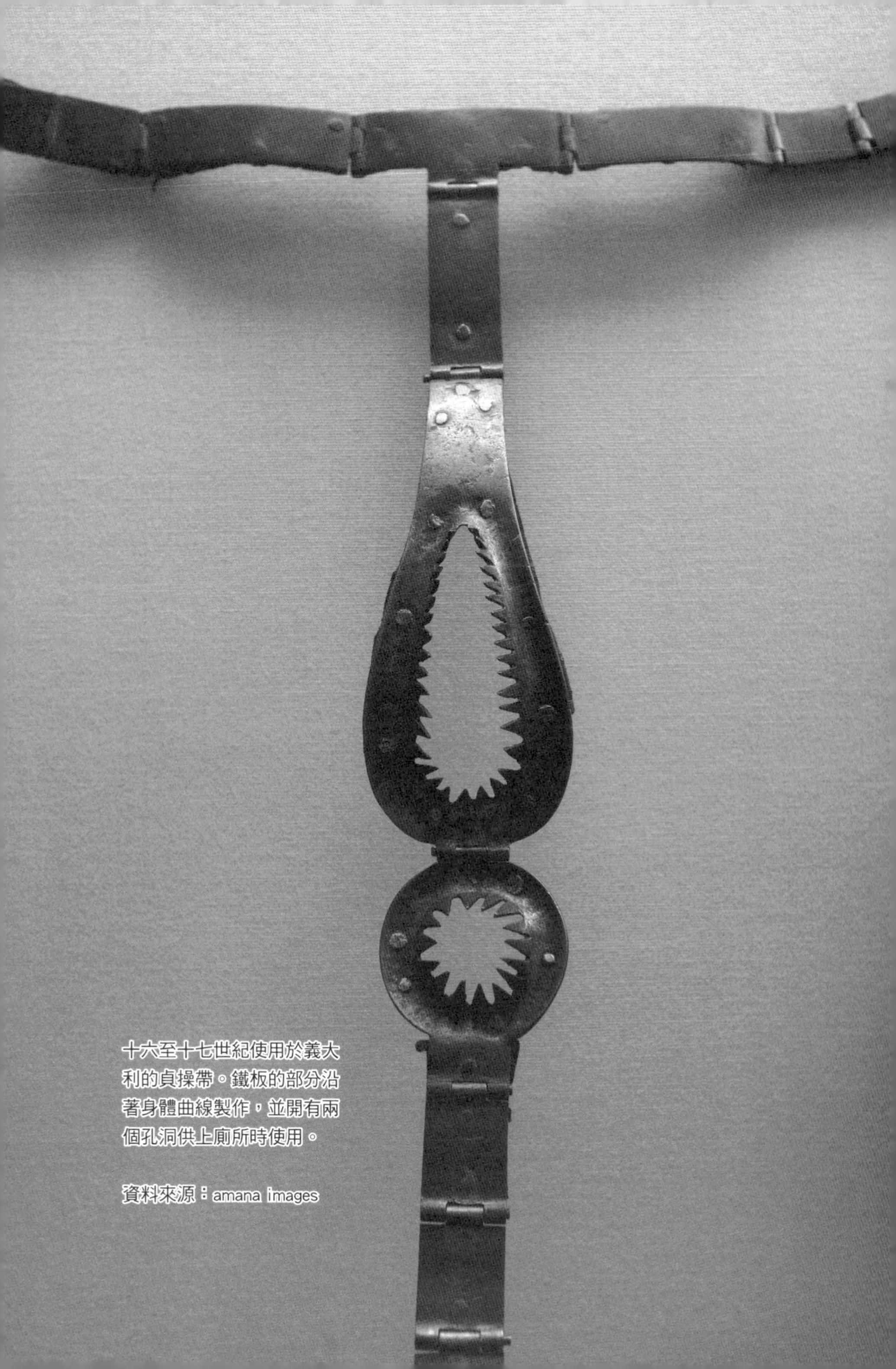

十六至十七世紀使用於義大利的貞操帶。鐵板的部分沿著身體曲線製作，並開有兩個孔洞供上廁所時使用。

資料來源：amana images

銅牛烹

關入自己作品內燒死的悲哀工匠

這座公牛造形的銅牛，是活躍於特洛伊戰爭，想出「特洛伊木馬」的工匠皮爾婁（Perillors）所發明的刑具。他為擁有鉅富的古希臘暴君法拉里斯（Phalaris），在西西里鑄造了這座與真牛同樣大小的銅鑄公牛。

這座巨大的公牛內部是空洞，將側腹蓋板向上翻開後，就能將一整個人關進銅牛內部。只要加熱銅牛腹部，罪犯就會在牛肚內受到燜烤之苦。偏好低俗的皮爾婁，還在銅牛內部精心配置管路，讓外界可以藉由通往鼻腔的汽笛孔，聽見罪犯在裡面的哀號。不過，聲音聽起來不像慘叫，而比較像是牛的叫聲。皮爾婁獻上得意「作品」，心中暗喜一定少不了大大賞賜一番時，沒想到法拉里斯卻面露不快說：「如果你那麼有自信，就當場證明給我看。」皮爾婁沒聽出言下之意，為了讓法拉里斯聽聽牛叫聲，便親自鑽進牛肚子。於是入口的蓋板馬上被關起，並在銅牛底下生火。據說，法拉里斯看著發明出如此殘酷刑具的皮爾婁被火燜烤的情景，諷刺道：「這個賞賜再適合你不過了。」

工匠皮爾婁雖有優秀的技巧，卻因為私欲而導致自我毀滅。他在奄奄一息時自牛肚中放出，棄置於山頂，最後落得曝屍荒野的下場。雖然製造者已死，但銅牛之後仍然使用於拷問、處死基督教殉道者們。看來，皮爾婁親身證明這項作品的「出色效果」，並非毫無意義。

在法拉里斯宅邸的中庭，受到銅牛燒烤的罪犯。將發明人皮爾婁逼死的法拉里斯，後來也遭到暴民拔掉舌頭，關進銅牛腹中折磨至死。

吉貝特吊籠

至死仍得繼續示眾的人類吊籠

吉貝特吊籠這個不常聽見的名稱，代表的是把人吊在示眾架（gibbet）上的意思，是一種從十六世紀起將近三個世紀，在歐洲所使用的鐵製柵欄。吊籠的造形多變，有的看起來就像是座鳥籠，但最讓受刑人感到痛苦的，是依人體骨架形狀製作的吉貝特吊籠。就像是鐵製骨骼標本的柵欄，在關節的部位會有用來固定的設計，能夠讓受刑人保持無法動彈的狀態，腳底也只有一小塊鐵板用來支撐體重。被這個柵欄包覆全身的受刑人，會被吊在高臺、教會的尖塔或是街道上展示。

一旦開始執行，受刑人別說食物，就連水都不讓喝一滴。於是，酷暑寒冬，受刑人都只能在柵欄中默默忍受。就算因為飢餓而喪命，也不允許放下柵欄。即使屍體遭到烏鴉啄食，也沒有人會去阻止。

幾乎所有的受刑人都在數日內餓死，但當中也有特別頑強之人。一七五九年，據說有一名被吊起的奴隸居然存活了十三天之久，死前仍哀求要水喝。不吃不喝居然能活到這麼長的時間，實在教人訝異。

關入吉貝特吊籠的不限於活人，隨著時代的演變，也用來展示被處以絞首刑的屍體，已經失去餓刑的意涵，轉化成純粹以示眾為目的的工具。罪犯屍體會施以防腐處理，與生者同樣吊在籠中棄置不管。

即使被抑制犯罪的犯人已化為白骨，也不會有人看他一眼，吊籠還是會一直懸掛在原地。現存的吉貝特吊籠，也有仍保持裡面關著白骨的狀態。這場超越時代的示眾刑，當時的人們一定怎樣也想不到吧。

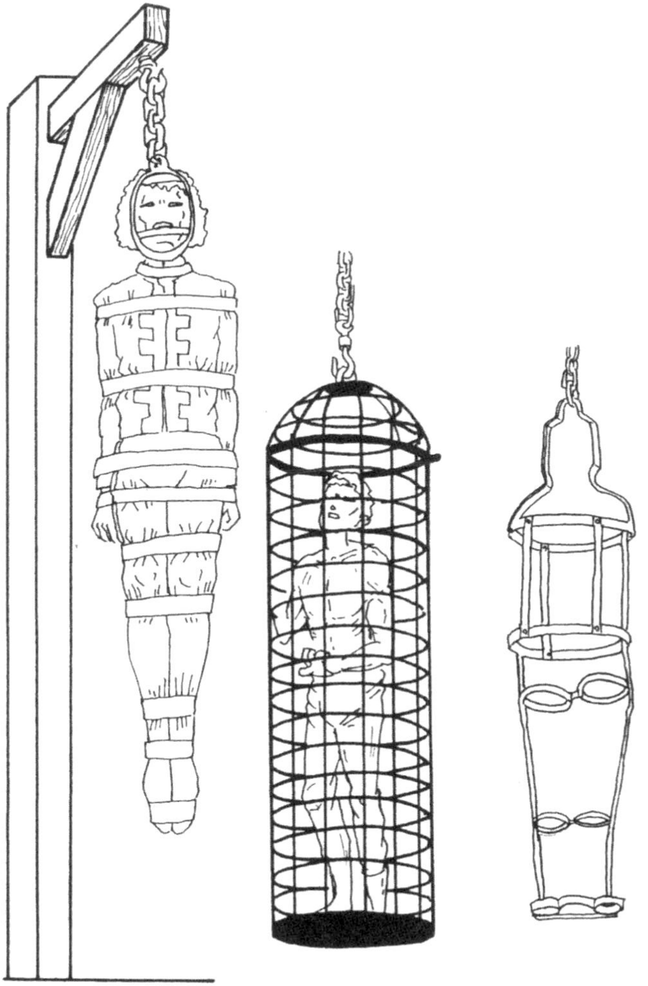

吉貝特吊籠當中也有木製品。

不過，據說有時也會提供罪犯食物及飲水，以便慢慢拷問。

三角木馬

銳利的背部陷進陰部造成出血

日本對於基督徒的迫害，可以說是日本的獵巫行動。水刑、火燒、削鼻、拔舌等，施加予異端者的拷問與刑罰都極其殘酷。不管是年紀尚小的孩童、孕婦還是老人，都毫不留情地施與地獄般的拷問折磨。

外形近似木馬的「三角木馬」，也是經常使用於以基督徒為對象的拷問刑具。讓基督徒跨騎在這具三角形木頭身體、有著四根腳柱的木馬上，試圖用痛苦來逼他們改宗。

囚犯不論男女，都以接近裸體之姿，雙手反綁在後。令其跨坐在三角形的尖端時，為了避免因掙扎而落馬，綁住囚犯的繩子另一端會吊在天花板上。拷問的方法非常簡單，只要跨坐於上，木馬的銳利背部就會陷入兩腿間，帶來強烈的痛楚。由於具有和刀刃不相上下的威力，囚犯的兩腿間沒多久就被割裂，大量流出的鮮血染紅了地面。如果是女性，生殖器會變得血肉模糊，那種痛楚實在教人難以想像。

不只如此，為了增加痛苦程度，有時還會在囚犯的雙腳掛上重石。有的木馬背上裝有凸出物，將其刺入受刑人肛門或陰道，造成無與倫比的劇烈疼痛。據說還有數名官差圍著跨在木馬上的囚犯毆打，一邊脅迫「快改宗、快改宗！」的案例。要想讓這些信仰虔誠的基督徒改宗，實在是非常困難的任務。

現在提到木馬拷問，總是帶有情色的意味，但事實上卻是如此殘酷的刑罰。女性基督徒除了木馬拷問之外，還需遭受輪姦的屈辱折磨。知道了這樣的事實，再看到木馬時，應該只剩下極為恐懼的心情吧。

木馬銳利的背部，深深陷進最不想讓人碰觸的部位，如刀刃般將血肉刨出。
在歐洲也有同為三角錐形狀，與三角木馬幾乎相同用法，稱為「女巫之楔」的器具。

插圖：太井ハルミ

電椅
將活人變成燒焦肉塊的處刑方式

美國目前仍在執行的死刑方式「電椅」，是在十九世紀末發明的。當初為了尋找比吊刑更為人道且更確實的死刑手段，在候選的毒殺與電椅之間，最終選擇了電椅。第一位坐上電椅的是殺害自己情婦，名為威廉·凱姆勒（William Kemmler）的男子。背部和頭部裝上電極，矇上雙眼的凱姆勒，與變得熟識的保安官助手道別後，準備迎接死亡。按下電源開關後，他的身體不斷痙攣，看起來就像是死透了。然而，他卻還活著。口吐白沫的凱姆勒接受第二次電擊時，身上及頭髮都傳出燒焦味道並發出慘叫。在場的人都目瞪口呆地看著眼前的可怕情景。最後是施予第三次電擊，才終於將史上第一次的電椅處決完成。

原本應該是比絞刑更為人道且快速的處決方式，竟然演變成如此事態。電極的數量、連接的方法、電流流通的時間與次數……後來反覆幾次失敗及改良，終於讓電椅愈來愈趨理想。那麼，是否可說開發完成了呢？並非如此。至今仍然留下許多讓人對使用電椅抱持疑問的案例。

其中之一，是一九〇九年在佛羅里達州名為瑪麗·法默的女性死囚處決時的狀況。第一次的電擊讓瑪麗慘叫連連。驚慌失措的執行者重複施加電擊，但她還是沒能死去，直到第五次通電才讓她一命嗚呼。電流流通的過程中，死囚的臉色會發紫，身體向後反弓、冒煙，有的人還會脫糞或吐血。據說現場見證人在目睹這樣恐怖的情景後，也出現身體不適的狀況。這種「人道」的電椅處決，如今已逐漸減少執行。

據說要讓死囚確實死亡，必須流通二千伏特以上的電流。
為了避免死囚因為慘烈的電擊而眼珠迸出，
會讓其戴上大小適合頭形的頭盔。

拷問椅

覆滿尖針、中世紀屈指可數的藝術品

說到中世紀歐洲的異端審判，就不能不提及「拷問椅」。這種又被稱為「德式椅子」的拷問工具，有著非常獨特的外觀。這張鐵製的椅子，座椅、靠背、扶手、踏板全部都布滿了尖針，數量多時可達千根以上。而且為了要將坐上去的人固定住，設有手銬、腳鐐，胸部的位置還有一片橫向鐵板。

使用方式已毋須多加說明。嫌疑犯被剝個精光坐在椅子上，固定綁好後，開始承受無數尖針所帶來的痛苦折磨。還可以追加將頸部套上鐵環、膝上放置重物等方法，增加嫌疑犯的痛苦。裸露的肌膚受到尖針刺入，嫌疑犯全身鮮血飛濺的慘狀，想必對不容異端存在的人來說是絕佳的風景。

發明這種留名拷問史刑具的人，據說是十三世紀的異端審判官康拉德（Konard von Marburg）。他是一名虔誠到近乎瘋狂的基督徒，為了拯救異端信徒迷失的靈魂，決定就任異端審判官。然而，當頑強的異端信徒即使受到殘酷的處分也不願改宗時，康拉德審判的手段也愈來愈激烈。在他親自執行異端拷問的過程中，發明出了幾種新的拷問工具，其中之一就是覆滿尖針的椅子。

在部分歐洲國家，這種椅子一直使用到十九世紀末期。設計上並沒有太大的改變，即使經過數個世紀，仍然在第一線服務。因為這張椅子不僅能帶給肉體傷害，其外觀也讓嫌疑犯一看就心生畏懼。這種充滿視覺震撼的拷問椅，因為體重平均分散在無數尖針上，據說實際造成的痛苦並不如外觀那麼嚇人。

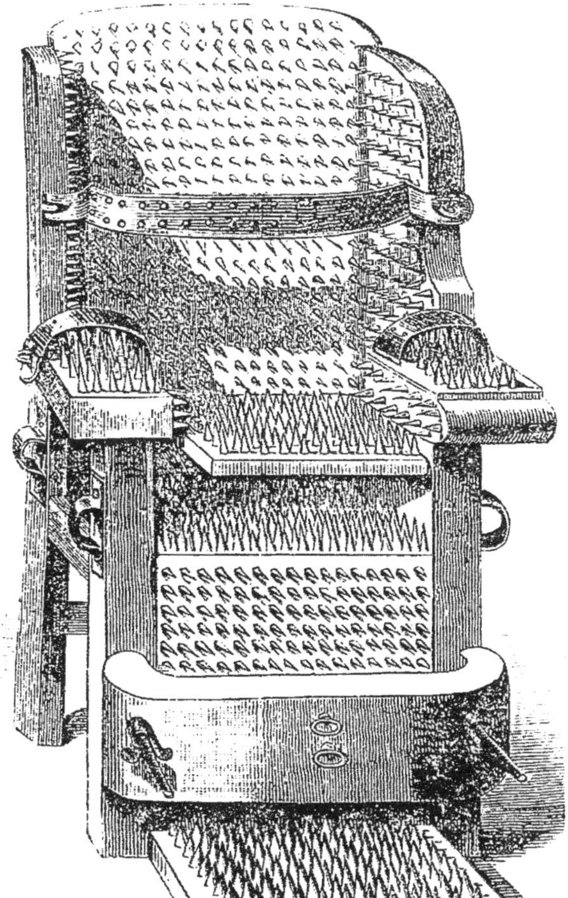

除了上述的鐵製椅子之外，也有將釘子密集釘在木製椅子上的樣式。
為了帶給嫌疑犯更大的痛苦，細節部分的設計也下了各種工夫。

貓爪

殘忍的利爪將所有的肉都剝下

大規模的拷問工具，雖然能夠有效造成受刑人的恐懼心理，但是製作上需要耗費時間與金錢，使用上也需要一定的空間大小。因此，既小又有高效率的工具一直有很大的需求量。擁有「西班牙式搔癢器」別稱的利爪形拷問工具，在這樣的考量下算是滿足條件的選擇。

這種器具顧名思義，是外形像貓爪子的並排彎曲利爪，每根爪子的大小約和人的手指一樣粗。基本上握柄很短，使用方法和小型草耙相似。當嫌疑犯站著接受拷問時，也可以將貓爪裝在棍棒前端使用，但並非用來抓傷嫌疑犯，而是要慢慢花時間將其全身的肉削去。為了讓作業順利，先令嫌疑犯躺在臺上，或是吊起來後，再將手腳牢牢綁住。而受刑人只能以不斷地慘叫來抗拒這毛骨悚然的感覺和劇烈的疼痛。

這種器具能運用的部分不僅只有腹部、胸部或背部，就連臉部也能使用。而且還可以由多名拷問官同時使用器具，試想一齊抓下全身所有的肉，將會是多麼地殘酷。「貓爪」的優點不是只有前面所述而已，拷問官還可以自行決定要造成多大的傷害。銳利的爪子不只能夠抓下柔軟的表皮，就連肌肉都可以刨下。持續不斷刨肉的結果，爪子甚至最後還會抓到骨頭。

世界上將皮肉削下的凌遲拷問經常可見，而使用貓爪的拷問也屬於其中的一種變化。凌遲刑本身就已經是非常殘酷的刑罰，而為了追求拷問效率研發出這樣的器具，這樣的行為也同樣讓人感到恐怖。

全裸吊起，由兩名拷問官將皮肉剝除的男人。
再加上雙手拉伸至極限造成痛楚，想必是常人難以承受的痛苦。

毒氣室

配合指令，大口吸入死亡的氣體

毒氣室在納粹於奧斯威辛集中營進行大屠殺時，相當惡名昭彰。過去在美國數州曾經以毒氣室執行死刑，現在則多用於撲殺棄養動物使用。

毒氣室是一個密閉的小房間，裝有強化玻璃材質的窗戶，供執行者與見證人觀看內部的情形。死刑犯在隔離房等待的期間，執行者會將用紗布包裹的氰化物帶進毒氣室，吊掛在死刑犯的座椅下方。死刑執行約十分鐘前，將蒸餾水與硫酸的混合液倒入碟子，放入化合室。然後仔細檢查毒氣室的空氣是否會向外洩漏，準備工作就此完成。

當執行時間一到，死刑犯會在胸前固定一個聽診器，以這樣的狀態，坐在毒氣室的椅子上。這個聽診器會以管線與外部連接，是讓醫師在死刑執行後，確認死刑犯是否死亡所用。接著，會將剛才準備好的稀硫酸，透過管路流進椅子下方的凹槽。最後依所長的一聲令下，紗布袋就會落下，產生毒氣。由準備到開始執行為止的順序，雖然有些過於慎重其事，但毒氣產生的原理非常單純。

當死刑犯斃命後，將毒氣室維持原樣三十分鐘，然後由煙囪將毒氣排出。

將椅子下方的凹槽洗淨，打開毒氣室的門等待足夠的時間，再將死刑犯的屍體和衣服仔細清洗，放入棺中運出。

至於死刑犯本身要做的準備，就只有當毒氣噴出時聽從「請深呼吸」的指令而已。否則行刑中途失去知覺，恐怕只會延長痛苦的時間。不過，畢竟要接受死亡不是件易事，據說反射性停止呼吸的死刑犯也不在少數。如此一來，就會受到毒氣慢慢地侵蝕，反而成為最悽慘的死法。眼睛向外迸出，口水流出窒息身亡……這樣的慘狀實在讓人不忍直視。

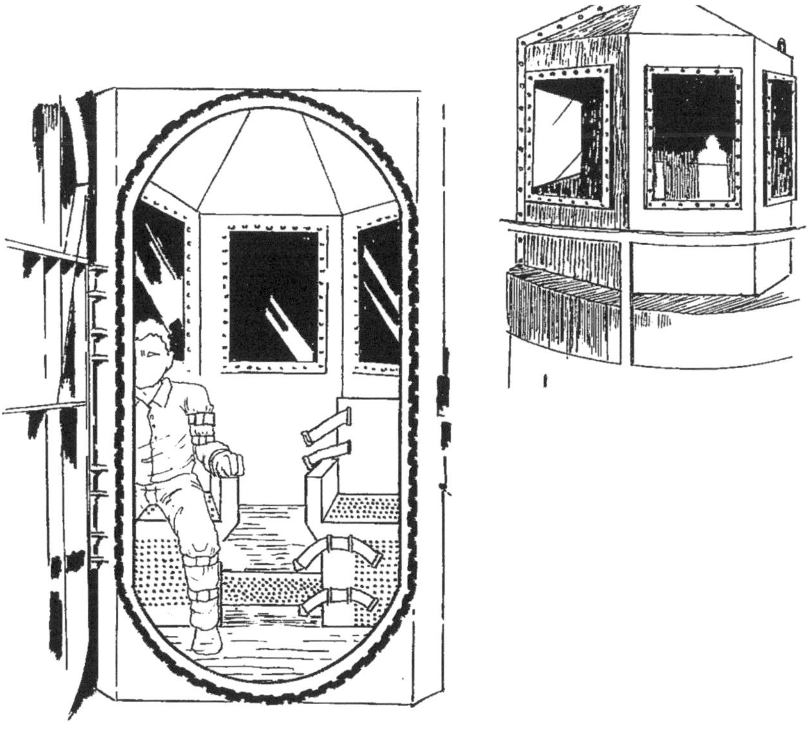

與吊刑相較之下，屍體雖能保持完整，但如果不能立即死去，就變得相當悽慘。
據說有受刑人痛苦掙扎數分鐘仍未斷氣，最後是自己用頭猛撞支柱才死去。
當下承受的痛苦實在難以想像。

專欄④

世界各國的死刑現況

至今仍然有將近六十個國家執行死刑

進入二十世紀後，世界上倡議廢除死刑的聲浪漸高，到今天，在法律上、事實上廢除死刑的國家已達一百四十國。

相對於此，至今仍然執行死刑的國家，包含日本在內有五十八國（以上是基於二〇一四年十二月底國際特赦組織的最新統計數據）。雖然整體有減少的趨勢，但要將死刑制度自世界上絕跡，目前看來還不可能。

那麼，為什麼會需要執行死刑呢？其目的有二：其一是對所犯之罪給予相對應的刑罰；其二是藉由死刑帶來的嚇阻效果，防止其他人犯罪或犯罪者再犯。

以死償罪，可以說是極刑，但足以判處死刑的犯罪種類，每個國家都有很大的差異。比方說，在孟加拉及古巴犯下強姦罪會被處死，而在伊斯蘭文化圈只要是同性戀就有可

吊刑自古以來即有，現在包含日本在內的多個國家仍在執行中。有將臺座放置於罪犯腳邊，繩子套住頸部後，將臺座移除的方法；也有利用吊車或滑輪將罪犯向上吊起的方法，這些都會造成受刑人相當大的痛苦。
資料來源：amanaimage

能被宣告死刑。透過判處死刑的理由，可以看出不同國家的思維模式及宗教觀，這點也十分有趣。

在日本足以判處死刑的罪狀有十二種。不管是哪一種，只要有致人於死的情形，幾乎都會被處以死刑。死刑的方法是採用開關踏板的吊刑方式，自一八八二年實施的舊刑法明定以來，一直保持同樣的執行方式。雖然吊刑在世界上也被廣泛採用，不過仍然有採用槍殺刑、斬首刑、投石刑等的國家。美國則是將死刑的存廢，以及執行方式，交由各州自行決定（近年美國主要採用的方式是以毒藥執行的死刑）。

討論死刑制度時，問題大多在於死刑的有效性。嚴格說來，死刑及其他刑罰對於抑制犯罪的效果差異如何，實際上至今仍只能依靠專家的研究、實驗來取得模稜兩可的數據。很明顯的是，要從「畏懼刑罰而不敢犯罪」者取得數據極為困難，而僅藉由訪問調查死刑犯，也無法得到充分的數據。有效性讓人十分存疑的死刑制度，近年在日本內閣府的廢死相關調查中，有八成以上的人回答「視情形有時不得不執行死刑」。顧及被害人或遺族感情的聲音也不少。想要單純就

一八八八年發明的電椅，到了隔兩年後，才在紐約州的監獄首次運用於死刑。不過，經常有一次電擊無法致命的案例。致死所需要的電擊時間不明確是一大問題。

資料來源：amanaimage

抑制犯罪的效果，或是人道觀點來議論死刑的存廢，恐怕不是件容易的事情。

然而，最近發生了一件對於死刑制度投下重大疑問的事件。一九六六年於任職的味噌製造公司，因涉嫌殺害上司夫婦及兩名子女，遭判處死刑的袴田巖，因為做為證據的衣物似乎有偽造的嫌疑，隔了四十八年才獲釋的案件，不只在日本國內，就連海外也有很大的迴響。袴田失去的四十八年光陰，以冤罪羈押期間而言，是世界最長的紀錄。關於此案，駐日英國大使館發表了「司法並非萬能，顯示日本有廢除死刑的必要性」的評論。實際上，英國過去造成一八〇人以上死傷者的伯明罕酒吧爆炸事件，六名嫌疑犯遭到判處終身監禁，但事後證實為冤案。警方先入為主的調查，以及偽造證據的行為，都受到嚴重的批評。此外，美國也曾經發生過死刑執行完畢後，才改判無罪的悲劇案件。今後，或許日本也會藉由袴田的獲釋為契機，提高廢除死刑的聲音也說不定。

對於死刑的看法，會隨著時代的變遷而有所不同，而執行的方法一定也會逐漸朝更為人道的方向進步。然而，不管事前顧慮如何周全，死刑犯在面臨死亡的那一瞬間，所體會到的恐懼與痛苦，絕對不可能完全消失，這也是不爭的事實。

位於加州的聖昆丁州立監獄所使用的毒氣室。以毒氣進行處決，如果受刑人不願大口吸入毒氣，那麼在意識模糊前會有很長一段受苦的時間。

資料來源：amana images

附錄

處刑、拷問資料館

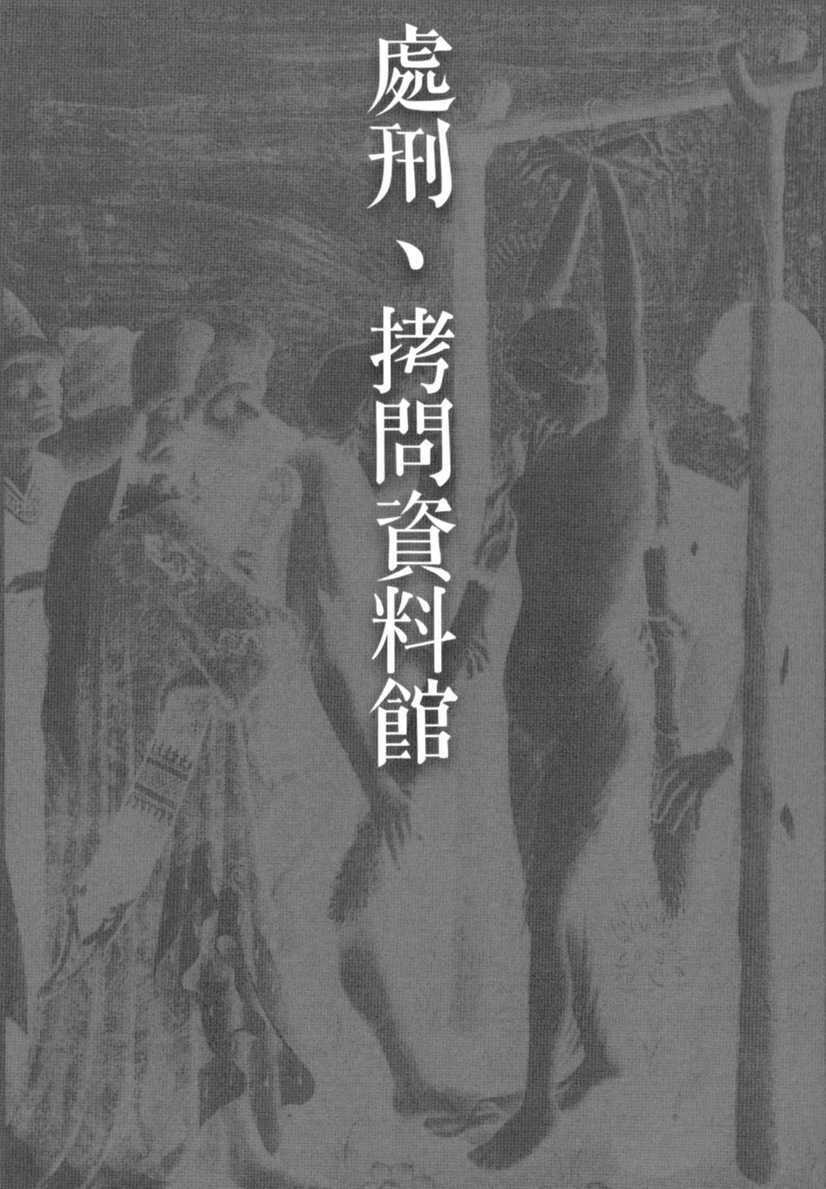

古今中外處刑、拷問史

西元前二一一五年至前二〇九五年左右

美索不達米亞文明的烏爾第三王朝首任君王烏爾・那姆（Ur-Nammu）制定法律（Code of Ur-Nammu，《烏爾・那姆法典》）。是現存世界上最古老的法律，也最早明定殺人、強盜、強姦、通姦等罪需處以極刑的刑法。

西元前一七五〇年左右

古巴比倫王國漢摩拉比制定法律。即以同態復仇「以眼還眼，以牙還牙」原理而聞名的法律。

西元前八八四年至前八五九年左右

亞述帝國皇帝阿淑爾納西爾帕二世（Ashurnasirpal II），導入騎兵隊以壓倒性的蹂躪戰術征服周邊諸民族，並以穿刺及剝皮等方式大量處刑。

西元前三九九年

希臘哲學者蘇格拉底受審判處死刑，服毒自盡。

西元前二六〇年

長平之戰後，秦國將軍白起將敗戰的趙兵俘虜四十萬人以活埋方式處刑。

西元前二一二年

秦始皇活埋、屠殺當時都城咸陽內的方士及儒者四百六十餘人（坑儒）。

西元前一九〇年左右

漢高后（呂后）殺害政敵趙王及其母戚夫人。戚夫人被砍斷雙手雙腳，刨出雙眼，用藥使其耳聾、口啞後棄置於茅房。

西元前九八年

維護友人的司馬遷，觸怒漢武帝而受宮刑。

西元三〇年左右

拿撒勒的耶穌被羅馬帝國視為叛逆罪，處以十字架刑。

六四年

羅馬帝國皇帝尼祿將羅馬市內大火歸罪於基督徒作亂，進行迫害。他令犧牲者披上獸皮，任狗咬殺，或是綁縛在易燃木材製作的十字架上，點火照亮夜晚的街道。

一二六九年

羅馬帝國教士聖華倫泰（Valentine，或譯瓦倫丁）遭到處刑。當時禁止士兵結婚，而他違背禁令幫士兵證婚。

六四五年

蘇我入鹿在天皇御前遭中大兄皇子斬殺。

六五五年

武則天（則天武后）成為唐朝皇帝高宗的皇后。將監禁的王氏（前皇后）與蕭氏（前淑妃）以棍杖擊百次，並切斷四肢後，投入大酒甕裡以免復生。

七〇一年

日本制定大寶律令，將為取得罪犯自白的拷問正式制度化。

一一七〇年

源為朝執行在日本的首次切腹。

一二四一年

因海盜行為的有罪判決，首次執行絞刑、剖腹取臟、車裂，這項在英格蘭最嚴重的死刑。

一三〇五年

起兵謀求獨立的華勒斯，因同志蘇格蘭貴族羅伯特．布魯斯（Robert Bruce）伯爵背叛而被捕。英王愛德華一世將華勒斯處死。先切斷生殖器後，施予絞刑但不使其斷氣。然後綁在處刑臺上剖腹拉出內臟，再將首級與四肢分送各地示眾。

一三一八年

教宗若望二十二世頒布獵巫解禁令。以異端審判為名的女巫制裁從此正當化。

十四世紀左右

歐洲全境展開獵巫行動（至十七世紀左右）。據說這段期間因女巫嫌疑而喪命的人，高達將近數十萬到數百萬之眾。

一四三一年

「奧爾良少女」聖女貞德在法國遭處火刑。

一四六二年

與瓦拉幾亞親王弗拉德三世交戰的鄂圖曼土耳其帝國蘇丹穆罕默德二世（II. Mehmed），進入瓦拉幾亞首都特爾戈維什泰城時，看見大量的鄂圖曼帝國兵遭到穿刺成林，因而喪失戰意撤退。

一五一〇年
逆謀反叛的劉瑾受凌遲刑處死。執刀次數為三千三百五十七刀。每隔十刀就休息一會，大喝一聲令其保持清醒。

一五二〇年
瑞典獨立內戰期間，發生丹麥國王將瑞典人處決事件（斯德哥爾摩大屠殺），犧牲者超過一百名。

一五三三年
制定《卡洛林納法典》，為神聖羅馬帝國（德國）首見之統一刑事法。除規定示眾臺為法庭拷問之外，並嚴格定義何種罪名需執行何種拷問及其方法。

一五三六年
印加帝國皇帝阿塔瓦爾帕（Atahualpa）被西班牙侵略者皮薩羅（Francisco Pizarro）殺害。

一五三六年
英王亨利八世將王后安妮·博林（Anne Boleyn）依叛國罪及私通罪嫌疑判處斬首刑。

一五七一年
織田信長火燒比叡山。據說信長將僧侶、學問僧、上人及兒童全部都處以斬首。

一五七三年
逮捕企圖以火繩槍暗殺織田信長的刺客，處以鋸引刑。將頸部以下埋入地中，再用竹製鋸子鋸斷頸部。

一五七五年
織田信長攻入越前國迫害一向宗（淨土真宗）的一揆暴動（人民起義之意）。屠殺一萬二千二百五十人以上。

一五七六年
前田利家將發起一揆暴動的一向宗信徒，以十字架刑或烹刑處死千人以上。

一五九四年
盜賊石川五右衛門及其同黨，在京都三條河灘，以熱油鍋熬煮至死。

一五九五年
涉嫌反叛豐臣秀吉而被迫出家的豐臣秀次受命切腹。他死後遺子四男一女及正室、側室、侍女共三十九名亦遭處死。

一五九七年
根據豐臣秀吉頒布之天主教禁令，在近畿地方傳教的六名方濟各會傳教士，以及日本人信徒二十人被帶往長崎處刑。

一六一〇年

匈牙利王國的貴族伊莉莎白・巴托里所犯下的殘虐行為遭到發覺。

一六二二年

在長崎，傳教士與信徒計五十五名遭處斬首、火刑（元和大殉教）。

一六二三年

荷蘭及英國對峙於安汶島。荷蘭得知英國企圖進攻占領城寨，便將英國商館館長等三十餘人逮捕，施加火刑、水刑、斷肢刑等拷問。約二週後，將英國人十人、日本人傭兵九人、葡萄牙人一人處以斬首刑。

一六二八年

殺死興福寺飼養鹿隻的三作以石埋刑處死。

一六四九年

英格蘭國王查理一世（Charles I）遭處死刑。據說執行死刑的劊子手理察・布蘭登（Richard Brandon）收到的處刑費是三十英鎊。

一六五七年

大量藏匿於長崎大村地方的地下基督徒被察覺，六〇三人遭逮捕。後來經過審訊後四〇六人判處斬首。

一七〇三年

「忠臣藏」的原型，元祿赤穗事件的罪犯四十六人，在暫時棲身的大名家中切腹自殺。

一七二四年

執行在倫敦反覆犯下強盜及逃獄的傑克・雪柏德（Jack Sheppard）絞刑。他是當時民眾熱愛的人物，處刑當天聚集了二十萬人以上的觀眾。

一七五七年

暗殺法國國王路易十五未遂而遭拷問的羅伯特－弗朗索瓦・達密安以車裂刑（四馬分屍刑）處死。

一七六二年

俄羅斯女貴族達莉亞・薩爾忒科夫（Darya Nikolayevna Saltykova）伯爵夫人因在自己領地內屠殺一百八十三人的罪名遭到逮捕。

一七六八年

奧地利帝國的瑪麗亞・特蕾西亞（Maria Theresia Walburga Amalia Christina）頒布《特蕾西亞刑法典》。以插圖方式說明拷問程序，通稱為「拷問手冊」。

一七八八年

暗殺國王未遂的罪犯達密安在嚴刑拷打下招供的「共犯者」證明無罪。從此法國全面廢除拷問制度。入侵澳大利亞的英國人移民（當時多為流放犯）以澳大利亞原住民為標的，進行狩獵殺害多人。

一七九一年至一七九三年

法國將死刑統一為斬首刑，發明斷頭臺。

一七九三年

法國民眾發起法國大革命，當時的國王路易十六及妻子瑪麗·安東尼被送上斷頭臺處死。

一八二八年

澳大利亞施行法律，賦予英國士兵可自由對進入英國人屯墾區的原住民進行捕捉或是殺害的權利。遭俘的原住民大多送往布魯尼島，不過因為環境過於惡劣，多數死亡。

一八五八至一八五九年

反對由井伊直弼等江戶幕府官員，強行簽訂日美通商友好條約的知識分子，遭到逮捕、處刑（安政大獄）。也因此以吉田松陰為首的尊皇攘夷派成員有一百名以上遭受迫害。

一八六四年

六月一日，新選組的副長助勤武田觀柳齋以下七名，在搜查企圖發動恐怖攻擊的激進派浪士時，逮捕行跡可疑的炭薪商人，化名為桝屋喜右衛門的古高俊太郎，並帶至壬生屯所進行激烈拷問。

一八六七年

逮捕收監浦上村的地下基督徒六十八人，並施加嚴刑拷打。

一八七二年

將一揆暴動時趁機放火的田中藤作以絞柱執行絞刑，但事後復活。

一八七九年

依太政官布告，廢止獄門刑。

一八八一年

強盜殺人犯嚴尾竹次郎、川口國藏遭處刑。成為日本最後執行的斬首刑。

一八九〇年

美國對殺害自己情婦的威廉・凱姆勒執行首次以電椅處決的死刑。在約七十名觀眾的面前，電流通過凱姆勒的身體，但無法一次斃命，將電壓提高後再次通電七十秒才終於一命嗚呼。然而，此時凱姆勒的身體已經變得焦黑。

美國紐約州採用電椅做為處刑方式。

一九一八年

俄羅斯帝國最後的皇帝尼古拉二世（Nicholas II），與家人、隨從一起在軟禁地點遭到槍決。

一九二三年

無政府主義者大杉榮、伊藤野枝，以及大杉的外甥橘宗一遭憲兵隊逮捕、殺害（甘粕事件）。首謀者是憲兵大尉甘粕正彥。

一九二四年

美國內華達州採用氰化物毒氣室執行死刑。

一九二五年

日本施行治安維持法。因此對於政治犯、思想犯的取締更加嚴格，並大量執行嚴刑拷打。

一九三〇年

蘇聯領導人史達林展開大規模整肅。（至一九五三年）犧牲者高達七十九萬人以上。

一九三八年

在烏克蘭的文尼察（Vinnytsia），發生一般市民遭蘇聯祕密警察NKVD未經審判即執行處決。人數高達九千四百四十二人以上（文尼察大屠殺）。

一九四八年

「男裝麗人」川島芳子，因漢奸罪名遭到中國國民黨軍逮捕後槍決。

一九四八年

東條英機等七名「A級戰犯」於東京巢鴨拘留所（巢鴨監獄）執行絞刑。

一九六六年

中國內蒙古自治區展開大規模整肅（至一九七六年）。由漢族主導，關押蒙古族居民七十萬人以上，據說其中至少五萬人失去性命。從此蒙古族在該區淪為少數民族。

一九七五年

第三十次聯合國大會決議禁止拷問宣言（日本於一九九九年加入）。

一九八二年

美國存有死刑州，首次執行注射刑，以取代電椅或毒氣室等死刑方式。受刑人會同時接受麻醉劑、肌肉弛緩劑、心臟停止劑等三種藥劑注射。

一九八九年

長年以恐怖政治支配羅馬尼亞的總統尼古拉．西奧塞古（Nicolae Ceaușescu），在民眾發動革命前逃亡。但於首都布加勒斯特近郊遭逮捕，經過簡易軍事審判後即刻槍決（羅馬尼亞革命）。

一九九八年

穆罕默德．沙特．阿貝舒（Muhammad Saad al-Beshi）就任沙烏地阿拉伯官方劊子手。主要執行切斷刑或是斬首刑等殘酷刑罰。

二〇〇六年

伊拉克戰爭中被美軍俘虜的伊拉克前總統薩達姆．海珊，經伊拉克法院判決有罪處以絞刑。

印度拉賈斯坦邦的一個村莊發生學校糧食遭竊事件。長老們命令一百五十名男性村民，將手伸進滾燙的油鍋，以證明自身清白。

二〇〇八年

沙烏地阿拉伯的斯里蘭卡外傭麗莎娜．納菲克因殺嬰罪判處死刑，並且以公開處刑的方式執行斬首刑。

二〇〇九年

在中國維吾爾自治區，當時十七歲的青年因煽動抗議活動罪名被判處有罪，經嚴刑拷打後死在獄中。遺體的器官都遭到摘除。

二〇一〇年

伊朗政府對五名犯人依涉嫌恐怖行動判處絞刑。當局為了迫害異議分子而濫用不當拷問及死刑，至今仍持續受到非難。

二〇一一年

在利比亞東北部的托布魯克，自領導人格達費上校的高壓統治中解放的人們，在完成週五禮拜後，遊行追悼犧牲者及訴求打倒政府。異議分子長期受格達費上校迫害的怒火，在此時一口氣爆發出來。

在美國德州，因二〇〇四年判處死刑的前死刑犯陶德．威林漢冤獄事件，再次爆發對於死刑存廢的議論。威林漢被指控在自宅放火，但重新鑑定的結果，並沒有發現與放火相關的物證。

二〇一二年

三月，國際人權團體國際特赦組織，提出敘利亞對於一般市民異議分子，展開有組織拷問行為的報告。依據國際特赦組織的調查，確認有將肉撕下、以香菸燒燙、施予電擊等三十一種拷問。

福岡拘留所收容中的尾田信夫死刑犯與提出上訴的辯護律師，因為拘留所所長不許尾田閱覽由辯護律師提供刊有刑場照片的書冊，而向日本政府提出六六〇萬日圓的損害賠償訴訟。

二〇一三年

以法國大革命時代的劊子手桑松家為題材的漫畫作品《イノサン》（中文書名《純真之人》，尖端出版），在

週刊コミック誌開始連載。原著是安達正勝的「死刑執行人サンソン」。

二〇一四年

國際人權團體國際特赦組織提出報告指出，二〇一三年有二十二個國家、地區，至少七百七十八人執行死刑。其中有九個國家自二〇〇九年至二〇一三年，每年都有執行死刑。

因殺害靜岡縣清水市的味噌製造公司專務一家四口，而判處死刑的袴田巖，由靜岡地方法院決定再審。三月二十八日，已經服刑四十五年以上的袴田獲得釋放。

在埃及，前總統穆爾西的支持者有五百二十九名遭判處死刑。以單一事件遭處死刑的判決人數而言，本案是史上最大規模。

參考文獻

《イラスト事典 処刑拷問具大全》村野薰（同文書院）／《江戸の刑罰拷問大全》大久保治男（講談社）／《江戸牢獄・拷問実記》横倉辰次（雄山閣）／《拷問・処刑・虐殺全書》柳内伸作（KKベストセラーズ）／《拷問と刑罰の歴史》カレン・ファリントン著，飯泉恵美子譯（河出書房新社）；《刑罰的歷史》凱倫・法林頓（Karen Farringdon）著，陳麗紅、李臻譯（究竟出版）／《拷問の歴史》川端博（河出書房新社；中文版：《揭開歐洲拷問史祕辛》時佩猛譯（臺灣實業））／《残酷と怪異 血塗られた真実の世界史》後藤樹史（実業之日本社）／《処刑と拷問の事典》Geoffrey Abbott著，熊井ひろ美、駒瀬裕子、白須清美、武蔵崇恵譯（原書房）／《知れば知るほど残酷な世界史》桐生操（翔伝社）／《図説 拷問全書》牧山裕美（原書房）／《図説 日本拷問刑罰史》笹問良彦（柏書房）／《世界拷問刑罰史》晨永光彦（日本文芸社）／《世界史拷問処刑博物館》桐生操（ダイヤモンド社）／《拷問と刑罰の中世史》Alice Morse Earle、Edward Payson著，神鳥奈穂子、佐伯雄一譯（青弓社）／《死刑執行人サンソン》安達正勝（集英社新書）／《魔女狩り》森島恒雄（岩波書店）／《魔女狩り》Jean-Michel Sallmann著，池上俊一監修（創元社）／《死刑の理由》井上薫（新潮文庫）／《死刑》読売新聞社会部（中央公論新社）／《【図説】死刑全書》Martin Monestier著，吉田春美・大塚宏子譯（原書房）／《夜と霧 ドイツ強制収容所の体験記録》Viktor E. Frankl著，霜山徳爾譯（みみず書房；中文版《活出意義來》弗蘭克〔Viktor E. Frankl〕著，趙可式、沈錦惠譯〔光啓文化〕）／《ホロコースト ナチスによるユダヤ人大量殺戮の全貌》芝健介（中公新書）／《中国はいかにチベットを侵略したか》Mikel Dunham著，山際素男譯（講談社インターナショナル）／《土方歳三 新選組を組織した男》相川司（中公文庫）／《土方歳三 新選組の組織者〈増補新版〉》（河出書房新社）

※本書係根據二〇一二年五月三十一日發行的《最新版 世界の処刑と拷問》（《世界處刑與拷問》）一書，新增內容改版整編而成的新作。

國家圖書館出版品預行編目（CIP）資料

酷刑史：99種人類的罪與罰 / 笠倉出版社作；楊哲群譯.
-- 初版. -- 新北市：大風文創, 2017.02
面；　公分. -- (Mystery；24)
ISBN 978-986-93994-7-0(平裝)

1.世界史

711　　105023730

Mystery 024

酷刑史：99種人類的罪與罰

作者／笠倉出版社
譯者／楊哲群
特約編輯／劉素芬
主編／王瀅晴
美術設計／比比司設計工作室
編輯企劃／月之海
發行人／張英利
出版者／大風文創股份有限公司
電話／(02)2218-0701　傳真／(02)2218-0704
網址／ http://windwind.com.tw
E-mail／rphsale@gmail.com
Facebook／大風文創粉絲團
http://www.facebook.com/windwindinternational
地址／231台灣新北市新店區中正路499號4樓

台灣地區總經銷／聯合發行股份有限公司
電話／(02)2917-8022
傳真／(02)2915-6276
地址／231新北市新店區寶橋路235巷6弄6號2樓

港澳地區總經銷／豐達出版發行有限公司
電話／(852)2172-6513　傳真／(852)2172-4355
E-mail／cary@subseasy.com.hk
地址／香港柴灣永泰道70號柴灣工業城第二期1805室

ISBN／978-986-93994-7-0
初版四刷／2023.08
定價／新台幣 320 元

Mystery

LUNA SEA